AF388691

# RECUEIL

## DE

# MUSIQUE RELIGIEUSE

### DIVISÉ EN 4 PARTIES :

La 1$^{re}$ partie contient des Messes ;

La 2$^{e}$, des Psaumes ;

La 3$^{e}$, des Motets au Saint-Sacrement et à la Sainte-Vierge ;

La 4$^{e}$, des Cantiques.

---

## 1$^{re}$ Partie.

---

## MESSES BRÈVES.

1857

# Table
## de la 1ière partie.



Nota. Le plus grand nombre des morceaux de musique contenus dans ce recueil sont arrangés pour 2 soprani et basse, ou 2 ténors et basse. quelques uns seulement sont à 4 voix obligées. — Mais les faux-bourdons ne peuvent être chantés que par 2 soprani et basse.

Une 4e partie pour ténor, a été ajoutée un quelques cahiers.

St Martin, 1857

Le Salz

# Messe brève

à 3 Voix.

Aug. Oberthur, Rennes.

## Kyrie eleison

Ky-ri-e, e - le-i-son  Kyri-e, e - le-i-son
Ky-ri-e, e - le-i-son  Kyri-e, e - le-i-son.
e - le - i - son  e - - - le-i-son.
Ky-ri-e e - le-i-son  Kyri-e, e - le-i-son, e-
Ky-ri-e, e - le-i-son  Kyri-e, e - le-i-son, e-
e - le - i - son  Kyri-e, e - le-i-son, e-
le - i - son  Kyri-e, e - le-i-son, e-
le - i - son  Kyri-e, e - le-i-son, e-
le - i - son  Kyri-e, e - le-i-son, e-
le - i - son.  P. Christe e - le-i-son
"Solo" 1º Sopr:  "più lento"
le - i - son.  christe e-le-i-son  P. Christe e-
le - i - son.  le-i-son, christe e-le-i-son.

3
ff
Ky-ri-e, e- le-i-son, e-
ff Ky-ri-e, e- le-i-son e-
Kyri-e e- le-i-son, e- le-i-son, e-
le-i-son
Kyri-e e- le-i-
le-i-son Kyrie e-le-i-son e- le-i-
le-i-son. Ky-ri-e, e- le-i
1ª 2ª
son son. Ky-ri-e, e- le-i- son
son son, Ky-ri e- le-i- son
son. son, Kyri-e, e- le-i- son
Lento e pp.
pp. Ky-ri- e, e- le-i- son.
pp. Ky-ri- e, e- le-i- son.
pp. Ky-ri- e, e- le-i- son.

# Gloria

All.º moderato.
Glo-ri-a in ex-cel-sis De-o, et
Glo-ri-a in ex-cel-sis De-o, et
in ter-ra pax ho-mi-ni bus bo-nae vo-
in ter-ra pax ho-mi-ni bus bonae vo-
in ter-ra pax ho-mi-ni-bus bo-na vo-
lun-ta-tis Lau-da-mus te Bene-
lun-ta-tis Lau-da-mus te Bene-
lun-ta-tis Lau-da-mus te. Bene-
di-ci-mus te. a-do-ra-mus. glo-ri-fi-ca-mus
di-ci-mus te. glo-ri-fi-ca-mus
di-ci-mus te glo-ri-fi-ca-mus

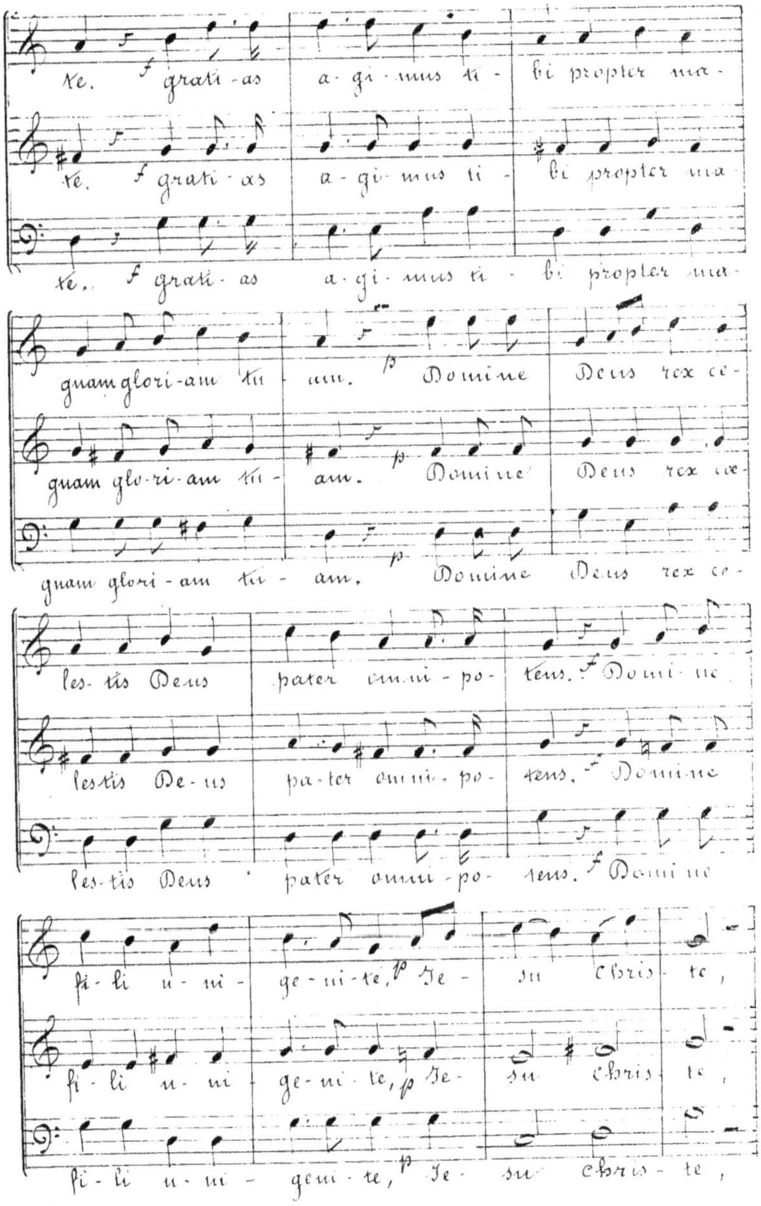

te. f grati-as a-gi-mus ti-bi propter ma-
te. f grati-as a-gi-mus ti-bi propter ma-
te. f grati-as a-gi-mus ti-bi propter ma-
quam glori-am tu-am. p Domine Deus rex cœ-
quam glo-ri-am tu-am. p Domine Deus rex cœ-
quam glori-am tu-am. p Domine Deus rex cœ-
les-tis Deus pater omni-po-tens. f Domi-ne
lestis De-us pa-ter omni-po-tens. f Domine
les-tis Deus pater omni-po-tens. f Domi-ne
fi-li u-ni-ge-ni-te, p Je-su Chris-te,
fi-li u-ni-ge-ni-te, p Je-su Chris-te,
fi-li u-ni-geni-te, p Je-su chris-te,

Solo. più lento.
P qui tol lis pec ca ta mun - di, mi se-
re-re no - bis mi se - re-re no - bis.
P Qui tol - lis pec ca-ta mun - di P sus ci-
P Qui tol - lis pecca-ta mun - di P sus ci-
P Qui tol - lis pec-cata mun - di P sus ci-
pe, de-pre - ca ti o nem nos - tram
pe de-pre - ca-ti-o-nem nos - tram.
pe de-pre - ca-ti-o-nem nos - tram.
1.º tempo.
qui se - des ad dex te - ram pa - tris P mi-se-
Qui se - des ad dex te - ram pa - tris P mise-
qui se - des ad dex te - ram pa - tris P mi-se-

re-re no-bis. Quoniam tu solus sanc-
re-re no-bis. quoniam tu so-lus sanc-
re-re no-bis. Quoniam tu so-lus sanc-
tus, tu so-lus Do-minus, tu so-lus al-tissimus Je-
tus, tu so-lus Do-mi-nus, tu so-lus al-tissimus Je-
tus, tu so-lus Do-mi-nus, tu so-lus al-tissimus Jesu Chris-te Cum sancto spiri-tu in glo-ri-a
su Chris-te Cum sancto spi-ri-tu in glo-ri-a
su Christe Cum sancto spi-ri-tu in glori-a
"plus vite"
Un lento e morendo
De-i patris. A - men.
De-i pa-tris a - men.
De-i pa-tris. A - men.

# Sanctus.

Sanctus Sanctus Sanctus
Sanctus Sanctus Sanctus
Sanctus Sanctus Sanctus.
Dominus De - us Sa - ba - oth. pleni
Domi- nus De- us Sa- ba- oth. pleni
Domi-nus De- -us Sa- ba- oth. pleni
sunt cœ-li et terra glori-a tu-a glori-
sunt ca-li et terra glori-a tu a glori-
sunt cæli et terra glori-a tu-a glori-

à tu - â bo - san-na ho - san-na in ex-
a tu - a bo - san-na ho- san' - na in ex-
a tu a bo- sanna ho- san - na in ex-
cel-sis, ho- san - na ho- san - na in ex-
cel-sis ho- san-na ho- san- na in excelsis ho- san-na ho- san- na in excelsis, ho- sanna ho- sanna ho- sanna
cel- sis ho- sanna, ho- sanna ho- sanna.
cel-sis ho- sanna ho- sanna ho- sanna
in ex- cel- sis, ho- san - na
in excel- sis ho- san - na.
in ex-cel- sis. ho- san - na.

# O Salutaris.

Andᵗᵉ cantabile.
P O Salu-ta-ris hos-ti-a
P O Salu-ta-ris hos-ti-a
f quæ cæ-li pan-dis os-ti-um.
f quæ cæ-li pan-dis os-ti-um.
f quæ cæli pan-dis os-ti-um.
P Bel-ba premunt hosti-li-a,
P Bel-la premunt hosti-li-a,
P Bel-la premunt hosti-li-a,
pp da ro-bur fer au-xi-li-um.
pp da ro-bur fer au-xi-li-um.
pp da ro-bur fer au-xi-li-um.
fin
fin
fin

dolce
O Sa-lu- ta-ris hos-ti- a
O Sa-lu- ta-ris hos-ti- a
O Sa-lu- ta-ris hos-ti- a
quæ cœ-li pan-dis osti-ti-um, bel-
quæ cœ-li pandis os-ti- um ff bel-
quæ cœ-li pandis os-ti- um ff bel-
la pre-munt hos-ti-li- a P Da
la pre-munt hos-ti-li- a P Da
la pre-munt hos-ti-li- a P Da
ro-bur fer pp au-xi-li-um.
ro-bur fer pp au-xi-li-um.
ro-bur fer pp au-xi-li-um.

# Agnus Dei.

Andante
Agnus
Agnus
Dei qui tollis pec-
Dei qui tollis pec-
ca - ta mun - di mi - se
ca - ta mun - di mi - se
ca - ta mun - di mi - se-
re - re no - bis mi se - re - re
re - re no - bis mi - se - re - re
re - re no - bis mi - se - re - re
no - bis "3.fois" do - na no - bis pa - cem.
no - bis "3.fois" do - na no - bis pa - cem.
no - bis "3.fois" do - na no - bis pa - cem.

# MESSE BRÈVE

à 3 voix

sans accompagnement.

Solo
Soprano
Christe e-le-i-son, christe e-le-i-
son.
son chris-te e-le-i-son.
Christe e-le-i-son, e-
Christe e-le-i-son, e-le-i-son, e-
Christe e-le-i-son, e-le-i-son, e-le-i-son, e-
le-i-son, christe e-le-i-son. Kyri-e
le-i-son, christe e-le-i-son. Kyri-e
le-i-son, christe e-le-i-son. Kyri-e
Kyri-e e-le-i-son Kyri-e, e-le-i-
Kyri-e e-le-i-son Kyri-e, e-le-i-
Kyri-e, e-le-i-son Kyri-e, e-le-i-

son, e-le-i-son. ff Kyri-e Kyri-e e- le i-
son, e-le-i-son ff Kyri-e Kyri-e, e- le- i-
son, e-le-i- son ff Kyri-e Kyri-e, e- le- i-
son Kyri-e, e- le- i-son e- le-i- son.
son Kyri-e, e- le- i-son, e- le-i- son.
son. Kyri-e, e- le- i-son e- le- i- son ff Kyrie e-
Kyrie e-le-i-son. Kyrie e-le-i-son, Kyrie e-
ff Kyrie e-le-i-son Kyrie e-le-i-son, Kyrie e-
le- -i- son, Kyrie, e- le- -i- -son Kyrie e-
le-i-son e- le-i-son, e- le- -i- -son.
le-i-son e- le-i-son e- le- i- -son.
leison e- le-i-son, e- le- -i- -son.

# Cantate Domino.

## Offertoire.

### Chœur à 3 voix.

17
Domi no omnis ter ra omnis ter-
Domi no omnis terra omnis ter-
rum, canta te Domino om nis ter - ra omnis ter-
ra. Cantate Domi no canti cum novum, can
ra. Canta te Do mino canti cum no vum, can
ra Canta te Domino can tate Domi no canti cum no
ta - te Domi no om nis ter - ra.
ta - te Domino om nis ter ra.
vum, canta - te Domi no om nis ter - ra.
Fin.
om nis ter - ra. omnis ter - ra.
omnis ter - ra. omnis ter - ra.
omnis ter ra. omnis ter - ra.

Cantate Domino et benedi-ci-
pp Cantate Domino et
pp Can- ta- te Domino et
te et benedi-ci- te nomi- ni e- jus annunti-
be-ne-di-ci- te nomi- ni e- jus annunti-
bene- di-ci- te nomi- ni e jus annunti- x-
a te de di-e annunti- a- te de di-e in di-
ate de di-e annunti- a-te de di-e in di
te de di- e in di- em annunti- a- te de di-em in di-
em salu- tare e- jus salu- tare e- jus.
em salu- tare e- jus salu- tare e- jus.
em salu- tare e- jus salu- tare e- jus.

# Sanctus.

Grave
ff Sanctus Sanctus Sanc-tus Domi-nus Deus
ff Sanctus Sanctus Sanc-tus Domi-nus Deus
ff Sanctus Sanctus Sanc-tus Domi-nus Deus
Sabaoth. Sanctus Sanctus Sanc-tus Domi-nus Deus Sa-ba-
sabaoth Sanctus sanctus sanc-tus Domi-nus Deus Sa-ba-
sabaoth Sanctus sanctus Sanc-tus Domi-nus Deus Sa-ba-
Duo
Pleni sunt cæli et ter-ra glori-a tu-a. Ho- sanna ho-
Pleni sunt cæli et terra glori-a tu a. Ho- sanna ho-
S. Alletto.
oth pp pleni sunt cæli et terra glori a tu a. Ho- sanna ho-
oth pp pleni sunt cæli et terra gloria tu a. Ho- sanna ho-
oth pp pleni sunt cæli et terra gloria tu a Ho- sanna ho-

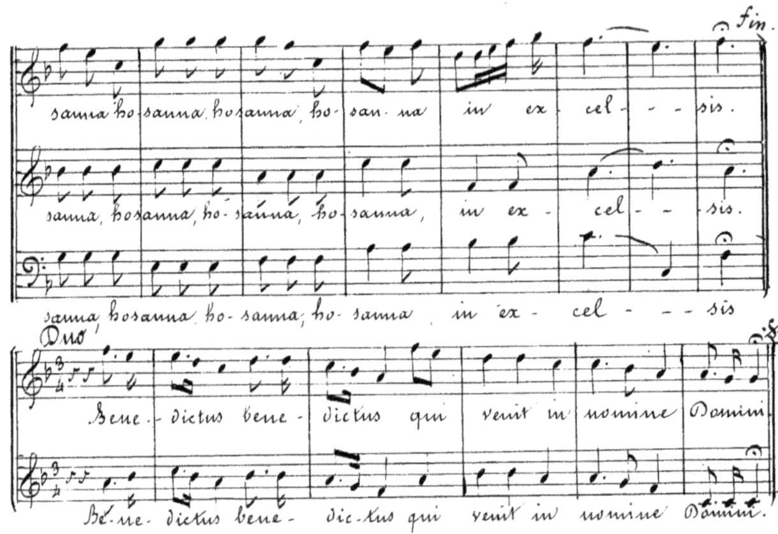


# Tantum ergo.

## Basse solo et Chœur.

i . et an ti quum do cu mentum novo
o. Sa lus ho nor virtus quoque sit et
cer mi i
la ti o
pp et an ti quum do cu mentum
Sa lus ho nor virtus quoque
cer mi i
la ti o
pp et an ti quum do cu mentum
Sa lus ho nor virtus quoque
cer mi i
pp et an ti quum do cu mentum
cedat ri tu i. præstet fi des supple
bene dic ti o. proce den ti ab u
novo cedat ri tu i. præstet fi des
sit et be ne dic ti o. proce denti
novo cedat ri tu i. præstet fides
sit et bene dicti o. proce denti
novo cedat ri tu i. præstet fides
men tum sensu um de fec tu i præstet
tro que compar sit lau da ti o proce
supplementum sensuum de fec tu i.
ab u tro que compar sit lau da ti o.
supple mentum sensu um de fec tu i
ab u troque compar sit lau dati o.
supplementum sensuum de fec tu i.

mentum sensu - um de-fec - tu - i sen - su-
troque compar sit lau-da- ti - o com-par
supplementum sensuum de-fec-tu - i sensu-
ab utro-que compar sit lauda- ti - o compar
supplementum sensuum de-fec-tu - i, sen - su-
ab utro-que compar sit lauda- ti - o com- par
supplementum sensuum de fec-tu - i, sen- su-
um de-fec-tu-i, sensu-um defec-tu-i. A-men.
sit lauda-ti-o compar sit lauda-ti-o.
um de-fec-tu - i sensu-um defec-tu - i. A-men.
sit lauda-ti - o, compar sit lauda-ti- o.
um de-fec-tu - i sensu-um de-fec-tu - i. A-men.
sit lauda-ti- o, compar sit lauda-ti - o.
um de-fec-tu- i, sensu-um de-fec-tu-i. A-men.

## Agnus Dei.

A - gnus De-i De-i tol- lis
a-gnus Dei a-gnus
a-gnus Dei a-gnus

- lis qui tollis pec - cata mun - di. p mi - se -
Dei qui tollis pec - cata mun - di p mi - se -
Dei qui tollis pec - cata mun - di mi se -
re - re mi - se - rere no - bis. A - gnus
re - re mi - sere - re no - bis.
re - re mi - sere - re no - - bis.
Solo
coro
De - i qui tollis peccata mundi p mi - se - re - re
p mi - se - re - re
p mi - se - re - re
mi - serere no - bis mi - se - re - re no - bis
mi - se - re - re no - bis mi - se - re - re no - bis
mi - serere no - bis mi - se - re - re no - bis.

p A - - gnus De-i De-i qui tol - - lis, qui
p A - gnus De-i a - gnus De-i qui
p A - gnus Dei a - gnus Dei qui
tol - - lis peccata mun - di p dona nobis pa-
tol - - lis peccata mun - p dona nobis pa-
tol - - lis peccata mun - di, p dona no - - bis pa-
cem. pp dona no - bis pa - cem, pa - cem.
cem pp dona nobis pa - cem pa - cem.
cem pp dona no - - bis pa - cem pa - cem.

# 2ᵉ Partie.

# PSAUMES.

Autographie Oberthur, Rennes

# Table

## de la 2<sup>ième</sup> partie.

# A VÊPRES

## Deus in adjutorium meum &

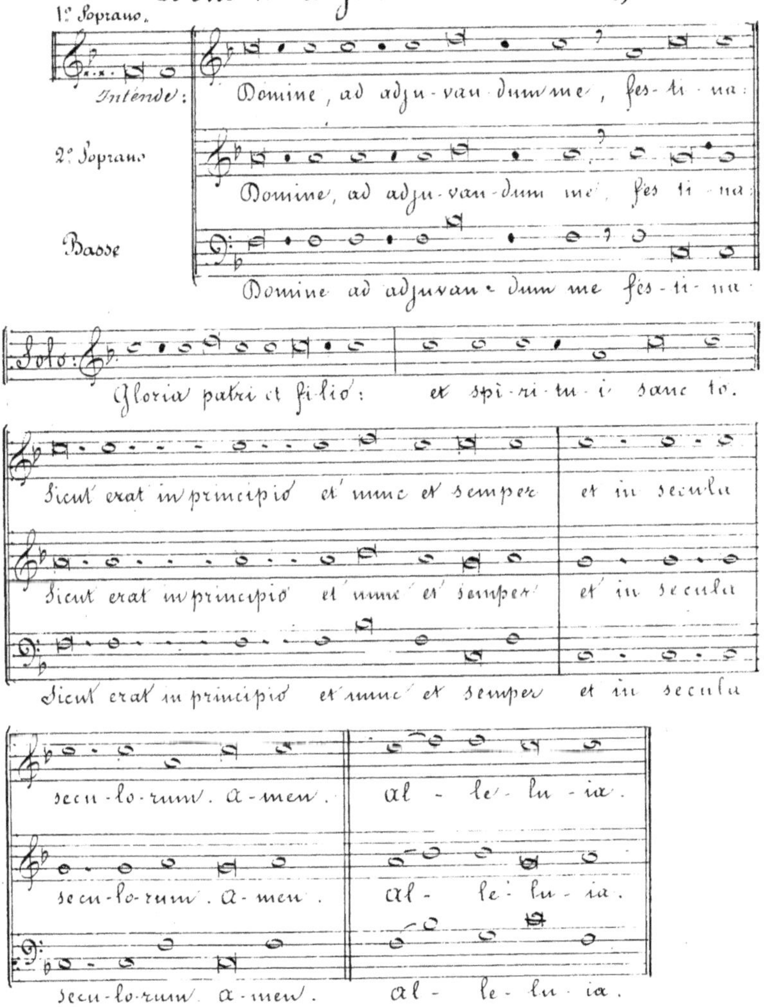

# Dixit Dominus

1er ton en G.  1er ton en G.

Di-xit Dominus Domi-no me-o: sede a dex-tris me-is

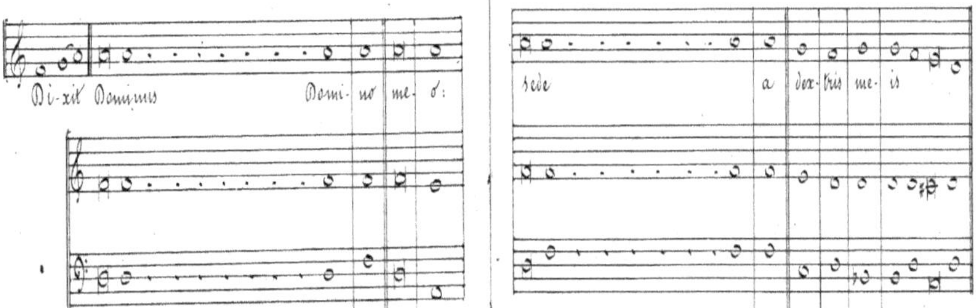

2  Donec ponam _______ inimi- cos tu- os: _______ scabellum _______ pe- dum tu- o- rum
3  Virgam virtutis tuæ, emittet _______ Dominus ex Si- on: _______ dominare in medio _______ inimi- co- rum tu- o- rum
4  Tecum principium in die virtutis tuæ, in splendoribus sanc- to- rum: _______ ex utero ante _______ luci- fe- rum ge- nu- ite.
5  Juravit Dominus, et non _______ pænite- bit e- um: _______ tu es sacerdos in æternum _______ secundum ordi- nem Mel- chi- sedech.
6  Dominus _______ a dex- tris tu- is: _______ confregit in die _______ i- ræ su- æ re- ges:
7  Judicabit in nationibus _______ implebit ru- i- nas: _______ conquassabit capita _______ in ter- ra multo- rum.
8  De torrente _______ in vi- a bi- bet: _______ propterea _______ e- xal- ta- bit ca- put.
9. 10. Gloria & Sicut erat &...

# Magni- ficat

1  Magnificat _______ ani _______ ma me- a Do- minum
2  Et exultavit _______ spiri- tus me- us: _______ in Deo _______ sa- lu- ta- ri me- o
3  Quia respexit humilitatem _______ ancil- læ su- æ: _______ ecce enim ex hoc beatam me dicent omnes gene- ra- ti- o- nes
4  Quia fecit mihi magna _______ qui po- tens est. _______ et _______ sanc- tum no- men e- jus.
5  Et misericordia ejus, a progenie _______ in pro- ge- nies: _______ ti _______ men- ti- bus e- um.
6  Fecit potentiam _______ in brachi- o su- o: _______ disposit superbos _______ mente cor- dis su- i.
7  Deposuit potentes _______ de se- de: _______ et _______ e- xal- ta- vit hu- miles
8  Esurientes _______ imple- vit bo- nis: _______ et divites _______ di- mi- sit i- na- nes
9  Suscepit Israel _______ pue- rum su- um: _______ recordatus _______ miseri- cor- di- æ su- æ
10  Sicut locutus est _______ ad pa- tres nos- tros: _______ Abraham et semini _______ e- jus in se- cula.
11. 12. Gloria & Sicut erat &...

# Laudate Dominum.

Laudate Dominum _______ om- nes gen- tes: _______ laudate _______ e- um om- nes po- puli.
Quoniam confirmata est super nos _______ misericordi- a e- jus: _______ et veritas Domini _______ ma- net in æ- ter- num.
... Gloria patri _______ et fi- lio: _______ et _______ spi- ri- tu- i sancto.
... Sicut erat in principio _______ et nunc et sem- per: _______ et in secula _______ se- cu- lo- rum a- men.

1er ton en a.

# Laudate pueri D:

Lauda-te . . . . . . . . pue-ri Do-minum. lauda- te no-men Do-mini.

2. Sit nomen Domini ______ be-ne-dic-tum: ex hoc nunc ______ et us-que in se-culum.
3. A solis ortu usque ______ ad oc-ca-sum: lauda ______ bi-le no-men Do-mini.
4. Excelsus super omnes ______ gen-tes Do-minus: et super cælos ______ glo-ri-a e-jus.
5. Quis sicut Dominus noster, qui in ______ al-tis ha-bitat: et humilia respicit in c ______ cæ-lo et in ter-ra.
6. Suscitans ______ a ter-ra i-nopem: et de stercore ______ e-ri-gens pau-perem.
7. Ut collocet eum ______ cum prin-ci-pibus: cum principibus ______ po-pu-li su-i.
8. Qui habitare facit, sterilem ______ in do-mo: matrem ______ fili-o-rum læ-tan-tem.
9.10. Gloria ✠ sicut erat ✠ . .

# Credidi propter

1. Credidi propter quod ______ lo-cu-tus sum: ego autem ______ humili-at tus sum ni-mis
2. Ego dixi ______ in exces-su me-o: Om ______ nis ho-mo men-dax
3. Quid retri ______ bu-am Do-mino: pro omnibus quæ ______ re-tri-bu-it mi-hi.
4. Calicem salutaris ______ ac-ci-piam: et nomen ______ Domi-ni in-vo-ca-bo.
5. Vota mea Domino reddam, coram omni popu-lo e-jus: pretiosa in conspectu Domini ______ mors sanc-to-rum e-jus.
6. O Domine, quia ego ______ ser-vus tu-us: ego servus tuus et ______ filius an-cil-læ tu-æ.
7. Dirupisti ______ vincu-la me-a: tibi sacrificabo hostiam laudis et nomen Domi-ni in-vo-ca-bo.
8. Vota mea Domino reddam in conspectu omnis popu-li e-jus: in atriis domus Domini, in medio tu-i Je-ru-salem.
9.10. Gloria ✠ sicut erat ✠ . .

# De profundis clamavi.

1. De profundis clamavi ______ ad te Do-mine: Domine ______ exan-di vo-cem me-am.
2. Fiant aures tuæ ______ in-ten-den-tes: in vocem ______ depreca-ti-o-nis me-æ.
3. Si iniquitates ______ observave-ris, Do-mine: Domine ______ quis sus-ti-ne-bit.
4. Quia apud te ______ propiti-ati-o est: et propter legem tuam ______ sus-tinu-i te, Do-mine.
5. Sustinuit anima mea ______ in ver-bo e-jus: speravit anima ______ me-a in Do-mino.
6. A custodia matutina ______ usque ad noc-tem: speret ______ Isra-el in Do-mino.
7. Quia apud Dominum ______ mi-se-ri-cor-dia: et copiosa ______ apud e-um re-dem-ptio.
8. Et ipse ______ redi-met Is-raël: ex omnibus ______ iniqui-ta-ti-bus e-jus.
9. Gloria patri ______ et fi-lio: et ______ spi-ri-tu-i sanc-to.
10. Sicut erat in principio, et nunc ______ et sem-per: et in secula ______ se-cu-lo-rum a-men.

# Lauda Jerusalem

2.ton m. A.         2.ton m. A.

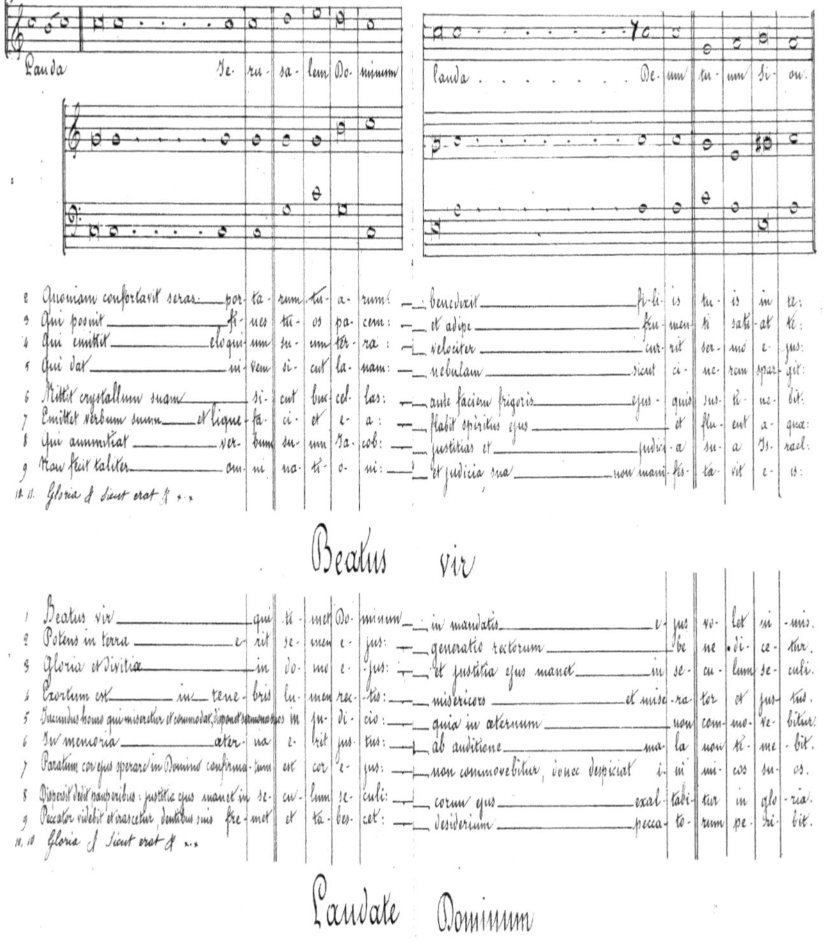


# Beatus vir

# Laudate Dominum

# Magnificat

3e ton, en A.



|  |  |  |
|---|---|---|
| 1 | Et exulta- vit ‖ spi- ritus me- us: | in Deo ______ sa- lu- ta- ri me- o. |
| 3 | Quia respexit humilitatem = an- cil- læ su- æ: | ec- ce enim ex hoc beatam me dicent omnes ge- ne- ra- ti- o- nes. |
| 4 | Quia fecit ______ mi- hi ma- gna quia po- tens est | et sanc ______ -tum no- men e- jus. |
| 5 | Et misericordia ejus ______ a pro- ge- ni- e in pro- geni- es: | et ______ -men- ti- bus e- um. |
| 6 | Fecit potentiam ______ in bra- chio su- o: | dis- persit superbos ______ mente cor- dis su- i. |
| 7 | Deposuit ______ po- ten- tes de se- de: | et e- ______ -xul- ta- vit hu- miles. |
| 8 | Esurientes ______ im- ple- vit bo- nis: | et divites ______ di- mi- sit i- na- nes. |
| 9 | Susce- pit ______ Israel pu- erum su- um: | re- cordatus ______ miseri- cor- di- æ- Su- æ. |
| 10 | Sicut locutus est ______ ad pa- tres nos- tros: | a- braham ______ et semini e- jus in se- cula. |
| 11, 12 | Gloria. & Sicut erat &... | |

# Dixit Dominus

|  |  |  |
|---|---|---|
| 1 | Dixit ______ Domi- nus ‖ Do- mino me- o: | da de ______ a dex- tris me- is. |
| 2 | Donec ponam ______ i- ni- mi- cos tu- os: | sca- bellum ______ pe- dum tu- o- rum. |
| 3 | Virgam virtutis tuæ emittet ______ Domi- nus ex Si- on: | do- minare in medio ______ inimi- co- rum tu- o- rum. |
| 4 | Tecum principium in die virtutis tuæ ______ in splen- do- ribus sancto- rum: | ex utero ante ______ luci- fe- rum ge- nu- i te. |
| 5 | Juravit Dominus et non ______ pœ- ni- te- bit e- um: | tu es sacerdos in æternum, secundum or- di- nem Mel- chi- sedec. |
| 6 | Dominus ______ a dex- tris tu- is: | con- fregit in die ______ i- ræ su- æ re- ges. |
| 7 | Judicabit in nationibus ______ im- ple- bit ru- i- nas: | con- quassabit capita ______ in ter- -ra mul- to- rum. |
| 8 | De torrente ______ in vi- a bi- bet: | pro- pterea ______ e- xal- ta- bit ca- put. |
| 9, 10 | Gloria & Sicut erat &... | |

# Laudate Dom. Om. g.

|  |  |
|---|---|
| Laudate ______ Domi- num Om- nes gen- tes: | lau- date ______ e- um om- nes po- puli. |
| Quoniam confirmata est super nos ______ mise- ri- cor- dia e- jus: | et veritas Domini ______ ma- net in æ- ter- -num |
| Gloria ______ pa- tri et K-lio: | et spi- ______ ri- tu- -i sanc- to |
| Sicut erat in principio ______ et nunc et sem- per: | et in secula ______ se- cu- lo- rum a- men |

# Magnificat



6.e ton „irrégulier    6.e ton irrég:

Magnificat ...... Ma-gni-ficat — anima ...... me-a Do-minum

|  |  |
|---|---|
| 2. | Et exultavit — spi-ri-tus me-us: in Deo — sa-lu-ta-ri me-o. |
| 3. | Quia respexit humilitatem — an-cil-læ su-æ: ecce enim ex hoc beatam me dicent omnes ge-ne-ra-ti-o-nes. |
| 4. | Quia fecit mihi — ma-gna qui po-tens est: et — sanc-tum no-men e-jus. |
| 5. | Et misericordia ejus ___ a proge-ni-es in pro-ge-nies: ti-men-ti-bus e-um. |
| 6. | Fecit potentiam ___ in bra-chi-o su-o: dispersit superbos — men-te cor-dis su-i. |
| 7. | Deposuit ___ po-ten-tes de se-de: et — e-xal-ta-vit hu-miles. |
| 8. | Esurientes ___ im-ple-vit bo-nis: et divites — di-mi-sit i-na-nes. |
| 9. | Suscepit Israël ___ pu-e-rum su-um: recordatus — miseri-cor-di-æ su-æ. |
| 11. | Sicut locutus est ___ ad pa-tres nos-tros: Abraham et semini — e-jus in secu-la. |
| 10.12 | Gloria ǂ Sicut erat ǂ ... |

# Laudate pueri D.

|  |  |
|---|---|
| 1. | Laudate — pu-e-ri Do-minum: laudate — no-men Do-minum. |
| 2. | Sit nomen — Domi-ni be-ne-dic-tum: ex hoc nunc ___ et — us-que in se-culum. |
| 3. | A solis ortu ___ us-que ad oc-ca-sum: laudabile — no-men Do-mini. |
| 4. | Excelsus super ___ om-nes gen-tes Do-minum: et super cælos — glo-ri-a e-jus. |
| 5. | Quis sicut Dominus Deus noster, qui in al-tis ha-bitat: et humilia respicit ___ in cæ-lo et in ter-ra. |
| 6. | Suscitans ___ a ter-ra i-nopem: et de stercore — e-ri-gens pau-perem. |
| 7. | Ut collocet ___ e-um cum prin-ci-pibus: cum principibus — po-pu-li su-i. |
| 8. | Qui habitare facit ___ ste-ri-lem in do-mo: matrem ___ fili-e-rum læ-tan-tem. |
| 9.10 | Gloria ǂ sicut erat ǂ ... |

# Laudate D. om. g.

|  |
|---|
| Laudate — Domi-num om-nes gen-tes: laudate — e-um om-nes po-puli. |
| Quoniam confirmata est super nos, miseri-cor-di-a e-jus: et veritas Domini — ma-net in æ-ter-num. |
| ... Gloria — pa-tri et fi-lio: et — Spi-ri-tu-i sanc-to. |
| ... Sicut erat in principio — et nunc et sem-per: et in secula — se-cu-lo-rum A-men. |

5.e ton en C        5.e ton en C.

# Dixit Dominus.

*(Verse 1, underlaid to the chant:)*
Dixit Do-minus . . . . . . . Do-mino me-o : sede . . . . . a dex-tris me-is.

|  |  |
|---|---|
| 2 | Donec ponam i-ni-mi-cos tu-os : scabellum pe-dum tu-o-rum. |
| 3 | Virgam virtutis tuæ emit-tet Do-minus si-on : dominare in medio inimi-co-rum tu-o-rum. |
| 4 | Tecum principium in die virtutis tuæ in splen-do-ribus san-cto-rum : ex utero ante luci-fe-rum ge-nu-i te. |
| 5 | Juravit Dominus et non pæ-ni-te-bit e-um : tu es sacerdos in æternum, secundum or-di-nem Mel-chi-sedech. |
| 6 | Dominus a dex-tris tu-is : confregit in die i-ra su-æ re-ges. |
| 7 | Judicabit in nationibus im-ple-bit ru-i-nas : conquassabit capita in ter-ra mul-to-rum. |
| 8 | De torrente in vi-a bi-bet : propterea e-ral-ta-bit ca-put. |
| 9. 10 | Gloria & Sicut erat & ... |

# Lætatus sum

|  |  |
|---|---|
| 1 | Lætatus sum in his qua dic-ta sunt mi-hi : in domum Do-mi-ni i-bimus. |
| 2 | Stantes e-rant pe-des nos-tri : in atriis tu-is Je-ru-salem. |
| 3 | Jerusalem quæ ædi-fi-ca-tur ut ci-vitas : cujus participatio e-jus in i-di-psum. |
| 4 | Illuc enim ascenderunt tri-bus tri-bus Do-mini : testimonium Israël, ad confitendum no-mi-ni Do-mini. |
| 5 | Quia illic sederunt se-des in ju-di-cio : sedes su-per Do-mum Da-vid. |
| 6 | Rogate quæ ad pa-cem sunt Je-ru-salem : et abundantia di-li-gen-ti-bus te. |
| 7 | Fiat pax in vir-tu-te tu-a : et abundantia in tur-ri-bus tu-is. |
| 8 | Propter fratres meos et pro-ximos me-os : loquebar pa-cem de te. |
| 9 | Propter domum Domini De-i nos-tri : quæsivi bo-na ti-bi. |
| 10. 11 | Gloria & Sicut erat & ... |

# Laudate Dom. om. g.

| |  |
|---|---|
| | Laudate Domi-num om-nes gen-tes : laudate e-um om-nes po-puli. |
| | Quoniam confirmata est super nos, mise-ri-cor-dia e-jus : et veritas Domini ma-net in æ-ter-num. |
| ... | Gloria pa-tri et fi-lio : et spi-ri-tu-i san-cto. |
| ... | Sicut erat in principio et nunc et tem-per : et in secula se-cu-lo-rum a-men. |

6e ton in C. 6e ton in C.

# Lætatus sum

Læ-ta-tus sum in his quæ dic-ta sunt mi-hi: in domum Do-mi-ni i-bimus.

| | | | | | | | | | | | | |
|---|---|---|---|---|---|---|---|---|---|---|---|---|
| 2. | Stantes ___ e- | rant | pe- | des | nos- | tri: | — in atriis ___ | tu- | is | Je- | ru- | salem. |
| 3. | Jerusalem quæ ___ ædi- | fi- | ca- | tur ut | ci- | vitas: | — cujus participatio ___ e- | jus | in | i- | di- | psum. |
| 4. | Illuc enim ascenderunt ___ tri- | bus | tri- | bus | Do- | mini: | — testimonium Israël ad confitendum | no- | mi- | ni | Do- | mini. |
| 5. | Quia illic sederunt ___ se- | des | in | ju- | di- | cio: | — sedes ___ su- | per | do- | mum | Da- | vid. |
| 6 | Rogate quæ ad ___ pa- | cem | sunt | Je- | ru- | salem. | — et abundantia ___ | di- | li- | gen- | ti- | bus te. |
| 7 | Fiat pax ___ in | vir- | tu- | -te | tu- | a. | — et abundantia in ___ | tur- | ri- | bus | tu- | is. |
| 8 | Propter fratres meos ___ | et | pro- | ximos | me- | os: | — loquebar ___ | | pa- | cem | de | te. |
| 9 | Propter Domum ___ Domi- | ni | De- | i | nos- | tri: | — quæsivi ___ | | bo- | na | ti- | bi. |
| 10.11 | Gloria ✠ Sicut erat ✠ | | | | | | | | | | | |

# Laudate pueri D.

| | | | | | | | | | | | | |
|---|---|---|---|---|---|---|---|---|---|---|---|---|
| 1 | Laudate ___ | | pu- | eri | Do- | minum | — laudate ___ | | no- | men | Do- | mini. |
| 2 | Sit nomen ___ Domi- | ni | be- | ne- | dic- | tum: | — ex hoc nunc ___ et | us- | que | in | se- | culum. |
| 3 | A solis ortu ___ us- | que | ad | oc- | ca- | sum | — laudabile ___ | | no- | men | Do- | mini. |
| 4 | Excelsus super ___ om- | nes | gen- | tes | Do- | minus, | — et super cælos ___ | glo- | ri- | a | e- | jus. |
| 5 | Quis sicut Dominus Deus noster, qui | in | al- | tis | ha- | bitat | — et humilia respicit ___ in cæ- | lo | et | in | ter- | ra. |
| 6 | Suscitans ___ | a | ter- | ra | i | nopem | — et de stercore ___ | e- | ri- | gens | pau- | perem. |
| 7 | Ut collocet ___ e- | um | cum | prin- | ci- | pibus. | — cum principibus ___ | po- | pu- | li | su- | i. |
| 8 | Qui habitare ___ fa- | cit | ste- | rilem in | do- | mo: | — matrem ___ fi-li- | o- | rum | læ- | tan- | tem. |
| 9.10 | Gloria ✠ Sicut erat ✠ ... | | | | | | | | | | | |

# Laudate D: om. g.

| | | | | | | | | | | | | |
|---|---|---|---|---|---|---|---|---|---|---|---|---|
| | Laudate ___ Domi- | num | om- | nes | gen- | tes | — laudate ___ e- | um | om- | nes | po- | puli. |
| | Quoniam confirmata est super nos mise- | ri- | cor- | dia | e- | jus. | — et veritas Domini ___ ma- | net | in | æ- | ter- | num. |
| ... | Gloria ___ | | pa- | tri et | fi- | lio: | — et ___ spi- | ri- | tu- | i | san- | cto. |
| ... | Sicut erat in principio ___ | et | num- | et | sem- | per: | — et in secula ___ se- | cu- | lo- | rum. | A- | men. |

7 Ton in D.

# Beatus vir.

7 Ton in D.

Be-a-tus vir qui ti-met Do-mi-num — in mandatis e-jus vo-let ni-mis.

|  |  |  |
|---|---|---|
| 2 | Potens in terra — e-rit se-men e-jus: | generatio rectorum — be-ne-di-ce-tur. |
| 3 | Gloria et divitiæ — in do-mo e-jus: | et justitia ejus manet — in se-culum se-culi. |
| 4 | Exortum est — in tene-bris lu-men rec-tis: | misericors — et mi-se-ra-tor et jus-tus. |
| 5 | Jucundus homo qui miseretur et commodat — su-os in ju-di-cio: (disponet sermones) | quia in æternum — non com-mo-ve-bitur. |
| 6 | In memoria — æter-na e-rit jus-tus: | ab auditione — ma-la non ti-me-bit. |
| 7 | Paratum cor ejus sperare in Domino — con-firma-tum est cor e-jus: | non commovebitur donec despiciat i-ni-mi-cos su-os. |
| 8 | Dispersit dedit pauperibus, justitia ejus manet — in se-culum se-culi: | corum ejus — e-xal-ta-bitur in glo-ria. |
| 9 | Peccator videbit et irascetur, dentibus suis fre-met et ta-bes-cet: | desiderium — pec-ca-to-rumpe-ri-bit. |
| 10.11 | Gloria & Sicut erat & ... | |

# Magnificat

|  |  |  |
|---|---|---|
| 1 | Magnificat — ma-gni-ficat | anima — me-a Do-mi-num |
| 2 | Et exultavit — spi-ritus me-us: | in Deo — sa-lu-ta-ri me-o-nes |
| 3 | Quia respexit humilitatem — an-cil-læ su-æ: | ecce enim ex hoc beatam me dicent, omnes ge-ne-ra-ti-o-nes |
| 4 | Quia fecit — mi-hi ma-gna qui po-tens est: | et — sanc-tum no-men e-jus |
| 5 | Et misericordia ejus — a progeni-e in pro-ge-nies: | ti-men-tibus e-um |
| 6 | Fecit — potentiam in bra-chio su-o: | dispersit superbos — men-te cor-dis su-i |
| 7 | Deposuit — po-ten-tes de se-de: | et — e-xal-ta-vit hu-miles |
| 8 | Esurientes — im-ple-vit bo-nis: | et divites — di-mi-sit ina-nes |
| 9 | Suscepit — Isra-el pu-erum su-um: | recordatus — mise-ri-cor-diæ su-æ |
| 10 | Sicut locutus est — ad pa-tres nos-tros: | abraham — et semi-ni e-jus in se-cula |
| 11.12 | Gloria & Sicut erat X ... | |

# Laudate Dom. om. g:

|  |  |
|---|---|
| Laudate — Domi-num om-nes gen-tes: | laudate — e-um om-nes po-puli. |
| Quoniam confirmata est super nos mise-ri-cor-dia e-jus: | et veritas Domini — ma-net in æ-ter-num. |
| ... Gloria — pa-tri et fi-lio: | et — spi-ri-tui sancto. |
| ... Sicut erat in principio — et nunc et sem-per: | et in secula — se-cu-lo-rum. Amen. |

8e Ton.

# Credidi propter.

8e Ton:

*Incipit (first half):* Credidi propter quod … lo-cu-tus sum

*Incipit (second half):* e-go autem … humilia-tus sum ni-mis

**Credidi** — first hemistich

|  |  | | | |
|---|---|---|---|---|
| 2. | Ego dixi ______ in exces- | su | me | o |
| 3. | Quid ______ retribu- | am | Do- | mino |
| 4. | Calicem ______ salutaris ac- | ci- | piam | |
| 5. | Vota mea Domino reddam ___ coram omni popu- | lo | e- | jus. |
| 6. | O Domine quia ego ______ ser- | vus | tu- | us. |
| 7. | Dirupisti ______ vincu- | la | me- | a. |
| 8. | Vota mea Domino reddam in conspectu omnis popu- | li | e- | jus. |
| 9.10. | Gloria & sicut erat, &... | | | |

**Credidi** — second hemistich

|  | | | | |
|---|---|---|---|---|
| Om- ______ | nis | ho- | mo | men- dax. |
| pro omnibus ______ quæ re- | tri- | bu- | it | mi- hi. |
| et nomen ______ Domi- | ni | in- | vo- | ca- bo. |
| pretiosa in conspectu Domini, mors sanc- | to- | rum | e- | jus. |
| ego servus tuus ___ et filius an- | cil- | la | tu- | æ. |
| tibi sacrificabo hostiam laudis, et nomen Domini in- | vo- | ca- | bo. | |
| in atrium domus Domini, _ in medio tu- | i | Je- | ru- | salem. |

# Beatus vir.

**Beatus vir** — first hemistich

|  |  | | | |
|---|---|---|---|---|
| 1. | Beatus vir ______ qui ti- | met | Do- | minum |
| 2. | Potens in terra ______ erit se- | men | e- | jus. |
| 3. | Gloria et divitiæ ______ in do- | mo | e- | jus: |
| 4. | Exortum est in tenebris ______ lu- | men | rec- | tis: |
| 5. | Jucundus homo qui miseretur et commodat, disponet sermones suos in ju- | di- | cio: | |
| 6. | In memoria æterna ______ e- | rit | jus- | tus |
| 7. | Paratum cor ejus sperare in Domino, confirmatum est cor | e- | jus: | |
| 8. | Dispersit dedit pauperibus: justitia ejus manet in secu- | lum | se- | culi. |
| 9. | Peccator videbit et irascetur, dentibus suis fremet, et | ta- | bes- | cet: |
| 10.11. | Gloria &. Sicut erat &... | | | |

**Beatus vir** — second hemistich

|  | | | | | |
|---|---|---|---|---|---|
| in mandatis ______ e- | jus | vo- | let | ni- | mis. |
| generatio rectorum ______ | be- | ne- | di- | ce- | tur. |
| et justitia ejus manet ______ in | se- | cu- | lum | se- | culi. |
| misericors ______ et mise- | ra- | tor | et | jus- | tus. |
| quia in æternum ______ | non | com- | mo- | ve- | bitur. |
| ab auditione ______ ma- | la | non ti- | me- | bit. | |
| non commovebitur donec despiciat i- | ni- | mi- | cos | su- | os. |
| corum ejus ______ exalta | bi- | tur | in | glo- | ria. |
| desiderium ______ pecca- | to- | rum | pe- | ri- | bit. |

# Laudate Dom. Om. g.

**Laudate Dominum** — first hemistich

|  | | | |
|---|---|---|---|
| Laudate Dominum ______ om- | nes | gen- | tes: |
| Quoniam confirmata est super nos, misericordi- | a | e- | jus: |
| ... Gloria patri ______ et | fi- | lio: | |
| ... Sicut erat in principio, et nunc ______ et | sem- | per: | |

**Laudate Dominum** — second hemistich

|  | | | | | |
|---|---|---|---|---|---|
| Laudate ______ e- | um | om- | nes | po- | puli |
| et veritas Domini ______ ma- | net | in | æ- | ter- | num. |
| et ______ spi- | ri- | tu- | i | sanc- | to. |
| et in secula ______ se- | cu- | lo- | rum | a- | men. |

## Magnificat

8. ton. irreg?        8. ton. irreg?



|  |  | | | | | |
|---|------|---|---|---|---|---|
| 2. | Et exultavit | spi | ri- | tus | me- | us: |
| 3. | Quia respexit humilitatem | an- | cil- | la | su- | æ: |
| 4. | Quia fecit mihi | ma- | gna | qui | po- | tens est: |
| 5. | Et misericordia ejus — a progeni | e | in | pro; | ge- | nies: |
| 6. | Fecit potentiam — in | bra | chi- | o | su- | o. |
| 7. | Deposuit — po- | ten- | tes | de | se- | de. |
| 8. | Esurientes | im- | ple- | vit | bo- | nis. |
| 9. | Suscepit Israel | pu- | e- | rum | su- | um |
| 10. | Sicut locutus est | ad | pa- | tres | nos- | tros |
| 11.12 | Gloria ₰. Sicut erat ₰. x.x | | | | | |

|  | | | | | | |
|------|---|---|---|---|---|---|
| in Deo | sa- | lu- | ta- | ri | me | o. |
| ecce enim ex hoc beatam me dicent, omnes | ge- | ne- | ra- | ti- | o- | nes. |
| et | sanc- | tum | no- | men | e- | jus. |
| | ti- | men- | ti- | bus | e- | um. |
| dispersit superbos | men- | te | cor- | dis | su- | i. |
| et | e- | xal- | ta- | vit | hu- | miles. |
| et divites | di- | mi- | sit | i- | na- | nes. |
| recordatus — mise- | ri- | cor- | di- | æ | su- | æ. |
| Abraham — et semi | ni | e- | jus | in | se- | cula. |

## Lauda Jerusalem

|  |  | | | | | |
|---|------|---|---|---|---|---|
| 1. | Lauda — Je- | ru | sa- | lem | Do- | minum |
| 2. | Quoniam confortavit seras — por | ta | rum | tu- | a- | rum. |
| 3. | Qui posuit — fi- | nes | tu- | os | pa- | cem. |
| 4. | Qui emittit — eloqui | um | su- | um | ter- | ræ. |
| 5. | Qui dat — ni | vem | si- | cut | la- | nam. |
| 6. | Mittit crystallum suam | si- | cut | buc- | cel- | las. |
| 7. | Emittet verbum suum — et lique | fa | ci- | et | e- | a. |
| 8. | Qui annunciat — ver- | bum | su- | um | Ja- | cob. |
| 9. | Non fecit taliter — om- | ni | na- | ti- | o- | ni. |
| 10.11 | Gloria ₰. Sicut erat ₰. x.x | | | | | |

|  | | | | | | |
|------|---|---|---|---|---|---|
| Lauda | De- | um | tu- | um | Si- | on. |
| benedixit — fi- | li- | is | tu- | is | in | te. |
| et adipe — fru- | men- | ti | sa- | ti-at | | te. |
| velociter — cur- | rit | ser- | mo | e- | | jus. |
| nebulam — si- | cut | ci- | ne- | rem | spar | git. |
| ante faciem frigoris — e- | jus | quis | sus- | ti- | ne- | bit. |
| flabit spiritus — e- | jus | et | flu- | ent | a- | qua. |
| justitias — et judi- | ci- | a | su- | a | Is- | rael |
| et judicia sua — non ma- | ni- | fes- | ta- | vit | e- | is. |

## Laudate Dom. om. g:

|  | | | | | | |
|------|---|---|---|---|---|---|
| Lauda — Domi- | num | om- | nes | gen- | tes: | |
| Quoniam confirmata est super nos miseri-cor | di- | a | e- | jus: | | |
| Gloria | pa | tri | et | fi- | lio. | |
| Sicut erat in principio | et | nunc et | sem | per: | | |

|  | | | | | |
|------|---|---|---|---|---|
| Laudate | e- | um | om- | nes | po- | puli. |
| et veritas Domini | ma- | net | in | æ- | ter- | num. |
| et | spi- | ri- | tu | i | sanc | to. |
| et in secula | se | cu- | lo- | rum | a- | men. |

1er ton irrég.  —  1er ton irrég.

# In exitu Israël

**Page 22** (first part of each verse — 5 cadence columns)

|  |  | | | | | |
|---|---|---|---|---|---|---|
| 1 | In exitu Isra- | ël | de | Æ- | gy- | pto : |
| 2 | Facta est Judæa ——— sancti- | fi- | ca | tio | e- | jus : |
| 3 | Ma- ——— | re | vi- | dit et | fa- | git : |
| 4 | Montes ——— exultave- | runt | ut | a- | ri- | etes : |
| 5 | Quid est tibi ——— ma- | re | quod | fu- | gis- | ti : |
| 6 | Montes ——— exultas- | ti | si- | cut a- | ri- | etes : |
| 7 | A Facie ——— Domi- | ni | mo- | ta est | ter- | ra : |
| 8 | Qui convertit petram ——— | in | sta- | gna a- | qua- | rum : |
| 9 | Non ——— no- | bis | Do- | mi-ne non | no- | bis : |
| 10 | Super misericordia tua ———, et ve- | ri- | ta- | te | tu- | a : |
| 11 | Deus ——— au- | tem | nos- | ter in | cæ- | lo : |
| 12 | Simulacra gentium ——— | ar- | gen- | tum et | au- | rum : |
| 13 | Os habent, ——— | et | non | lo- | quen- | tur : |
| 14 | Aures ——— ha- | bent | et | non | au- | dient : |
| 15 | Manus habent et non palpabunt; pedes habent et | non | am- | bu- | la- | bunt : |
| 16 | Similes illis fiant, ——— | qui | fa- | ciunt | e- | a : |
| 17 | Domus Israël ——— spe- | ra- | vit in | Do- | mino : | |
| 18 | Domus Aaron ——— spe- | ra- | vit in | Do- | mino : | |
| 19 | Qui timent Dominum ——— spe- | ra- | vè- | runt in | Do- | mino : |
| 20 | Dominus ——— me- | mor | fu- | it | nos- | tri : |
| 21 | Bene- ——— di- | xit | do- | mui | Is- | raël : |
| 22 | Benedixit omnibus ——— | qui | ti- | ment | Do- | minum : |
| 23 | Adji- ——— ci- | at | Do- | minus | su- | per vos : |
| 24 | Bene- ——— dic- | ti | vos | a | Do- | mino : |
| 25 | Cæ- ——— lum | cæ- | li | Do- | mino : | |
| 26 | Non mortui ——— lau- | da- | bunt te | Do- | mine : | |
| 27 | Sed nos qui vivimus ——— be- | ne- | di- | cimus | Do- | mino : |
| 28 | Glo- ——— ri- | a | pa- | tri et | fi- | li-o : |
| 29 | Sicut erat in principio ——— et | nunc | et | sem- | per : |

**Page 23** (second part of each verse — 4 cadence columns)

|  |  | | | | |
|---|---|---|---|---|---|
| 1 | domus Jacob de po- | pu- | lo | bar- | baro. |
| 2 | Israël ——— po- | tes- | tas | e- | jus. |
| 3 | Jordanis ——— conversus | est | re- | tror- | sum. |
| 4 | et colles ——— sicut | a- | gni | o- | vium. |
| 5 | et tu Jordanis ——— quia conversus | est | re- | tror- | sum. |
| 6 | et colles ——— sicut | a- | gni | o- | vium. |
| 7 | a facie ——— | De- | i | Ja- | cob. |
| 8 | et rupem ——— in fon- | tes | a- | qua- | rum. |
| 9 | sed nomini ——— tu- | o | da | glo- | riam. |
| 10 | nequando dicant gentes; Ubi est ——— De- | us | e- | o- | rum. |
| 11 | omnia quæcumque ——— vo- | lu- | it, | fe- | cit. |
| 12 | opera ——— ma- | nu- | um | ho- | minum. |
| 13 | oculos habent ——— et | non | vi- | de- | bunt. |
| 14 | nares habent ——— et non | o- | do- | ra- | bunt. |
| 15 | non clamabunt ——— in gut- | tu- | re | su- | o. |
| 16 | et omnes ——— qui confi- | dunt | in | e- | is. |
| 17 | adjutor eorum ——— et protec- | tor | e- | o- | rum est. |
| 18 | adjutor eorum ——— et protec- | tor | e- | o- | rum est. |
| 19 | adjutor eorum ——— et protec- | tor | e- | o- | rum est. |
| 20 | et ——— bene- | di- | xit | no- | bis. |
| 21 | benedixit ——— do- | mu- | i | A- | aron. |
| 22 | pusillis ——— | cum | ma- | jo- | ribus. |
| 23 | super vos ——— et super fi- | li- | os | ves- | tros. |
| 24 | qui fecit ——— cæ- | lum | et | ter- | ram. |
| 25 | terram autem dedit ——— fi- | li- | is | ho- | minum. |
| 26 | neque omnes ——— qui descendunt | in | in- | fer- | num. |
| 27 | ex hoc nunc ——— et us- | que | in | se- | culum. |
| 28 | et ——— Spiri- | tu- | i | sanc- | to. |
| 29 | et in secula ——— secu- | lo- | rum | A- | men. |

# Benedicamus

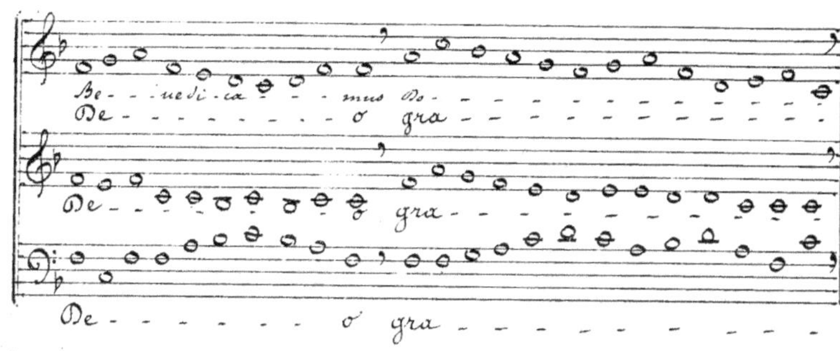


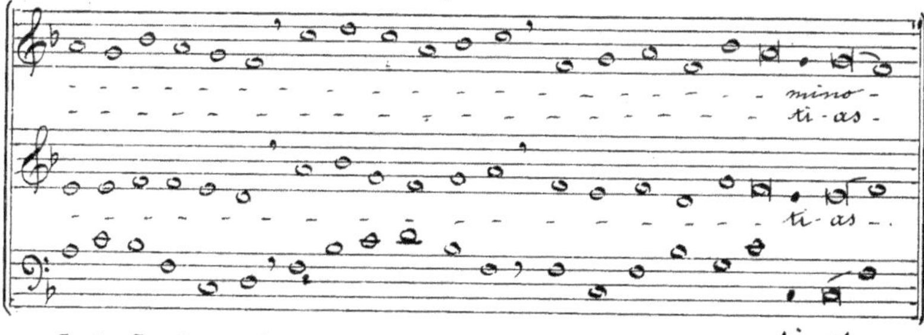


Nº 2.    # Benedicamus.    Nº 3. p. 36.

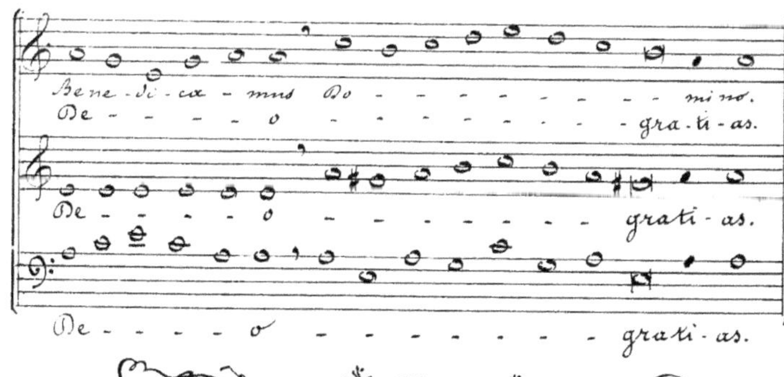

# Vêpres Solennelles
### pour les principales fêtes de l'année.

## Deus in adjutorium.

# Magnificat

## en **fa** majeur.

### Chœur, Solo et Duo.

p Et e xul ta vit spiri tus me us in De o
p Et e xul tavit spiri tus meus in De o
p Et e xul tavit spiri tus meus in De o
salutari me o. pp quia res pexit humili
salu ta ri me o. pp quia res re xit humili
saluta ri me o.
tatem pp ancil lae suae ancil la su ae
ta tem pp ancil lae su ae ancil lae su ae
pp an cil la su ae
f Ecce e nim ex hoc be a tam me di cent om nes
f Ecce enim ex hoc be a tam me di cent om nes

ge-ne-ra-ti-o-nes ff Quia fe-cit mihi
ff Quia fe-cit mi-hi
ge-nera-ti-o-nes ff Quia fe-cit mi-hi
magna qui po-tens est et sanctum nomen e-jus.
magna qui po-tens est et sanctum no-men e-jus.
magna qui po-tens est et sanctum nomen e-jus.
p Et mi-se-ri-cor-di-a e-jus a pro-ge-ni-e in
p Et mi-seri-cordi-a e-jus a proge-ni-e in
progeni-es ti-men-ti-bus timenti-bus e-um.
progeni-es ti-men-ti-bus timenti-bus e-um.
ff Fecit po-tenti-am in brachio su-o dis-persit super
ff Fecit po-tentiam in brachio su-o dis-persit super

bos mente cordis sui. Deposu-it po-
bos mente cordis su-i. Deposu-it po-
bos mente cordis su-i De po-su-it po-
tentes de sede et e-xal-ta-vit hu-mi-les.
tentes de sede et e-xal-ta-vit hu-mi-les.
tentes de sede et e-xal-ta-vit hu-mi-les.
cantabile
Solo
E-suri-entes im-ple-vit bonis
et di-vi-tes di-mi-sit i-nanes susce-pit
Is-raël pu-e-rum suum re-cor-da-tus mi-
se-ri-cordi-æ suæ si-cut lo-cu-tus est ad
pa-tres nostros A-braham et se-mi-ni e
jus in se-cu-la
Suivez au Choeur

1º tempo.
1ª Sopr.
ff gloria patri, glori a patri et fi-li-oᴾ et
2ª Sopr.
ff Gloria patri, glori-a patri et fi-li-oᴾ et
Ténor
ff Glori-a patri, glori a patri et fi-li-oᴾ et
Basse
ff Gloria patri, glori-a patri et fi-li-oᴾ et
spiri-tu-i sancto et spi-ri-tu-i sancto ᶠ Si-
spi-ri-tu-i sancto et spi-ri-tu-i sancto ᶠ Si-
spiri-tu-i sancto et spi-ri-tu-i sancto ᶠ Si-
spi-ri-tu-i sancto et spi-ri-tu-i sancto ᶠ Sicut e-rat in princi-pi-o et nunc et sem-per, et
cut erat in princi-pi-o et nunc et sem-per, et
cut e-rat in princi-pi-o et nunc et sem-per, et
cut e rat in princi-pi-o et nunc et sem-per, et

in se-cu-la et in se-cu-la se-cu lorum. A-men. Si-
in se-cu-la et in se-cu-la se-cu lorum. A-men. Si-
in secu-la et in secu-la se-cu lorum. A-men. Si-
in se-cu-la et in se-cu-la secu lorum. A-men. Sicut e-rat in princi-pi-o et nunc et sem-per et
cut e-rat in princi-pi-o et nunc et sem-per et
cut erat in princi-pi-o et nunc et sem-per et
cut erat in princi-pi-o et nunc et sem-per et
in secula et in se-cula se-cu lorum. A-men.
in secula et in se-cu-la se-cu lorum. A-men.
in secula et in secu-la se-cu lo-rum. A-men.
in secu-la et in se-cula se-cu lorum. A-men.

# Benedicamus.

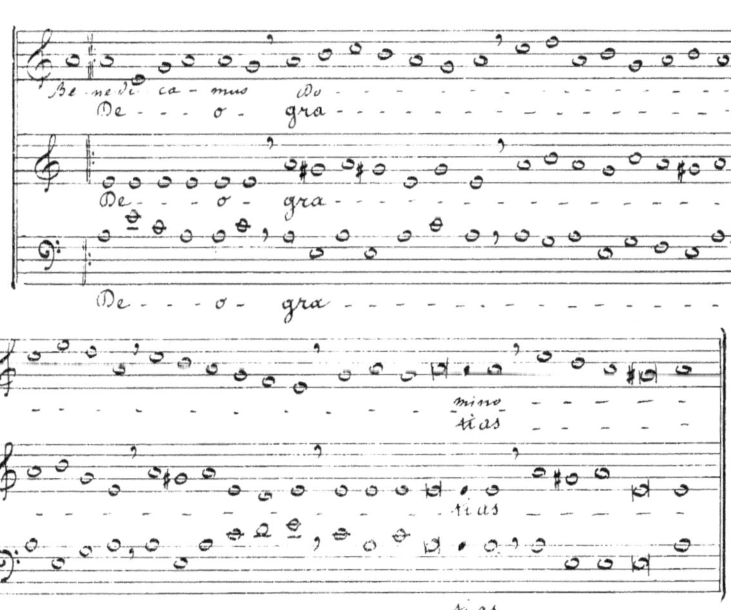

# Magnificat

en **ut** majeur.

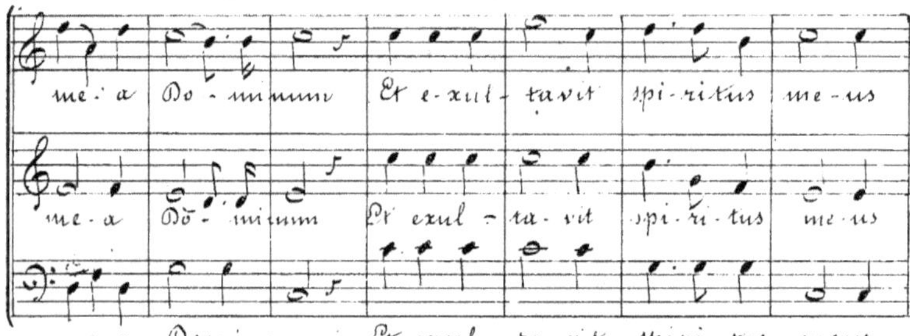

tatem ancil læ suæ ancil læ suæ ff Ecce e nim ex
ta tem an cil læ su æ ff Ecce e nim ex
ta tem an cil læ su æ ff Ecce e nim ex
hoc bea tam me di cent omnes gene ra ti o nes
hoc bea tam me di cent omnes gene ra ti o nes
hoc bea tam me di cent omnes gene ra ti o nes
più mod.to
Solo
Basse p Quia fecit mihi magna qui potens est et
sanctum nomen e jus, et sanctum nomen e jus.
Et mi se ri cordia e jus a pro genie in progenies ti
voce agitato.
menti bus e um, ti menti bus e um. p Fe
crescendo
cit po ten ti am in bra chi o su o, dis per
poco più mosso
sit su per bos mente cor dis su i f Depo su

it po-tentes de se-de et exal-ta-vit hu-mi-les.
Depo-su-it po-tentes de sede et exal-ta-vit hu-mi-les.
Duo
P Esuri-en-tes imple-vit bonis et di-vi-tes di-mi-
P Esuri-en-tes implevit bonis et di-vi-tes dimi-
sit i-nanes. P suscepit Israel puerum suum re-cor-
sit i-nanes P suscepit Israël puerum su-um re-cor-
datus miseri-cordiæ su--æ. Sicut lo-cutus est
datus miseri-cordi-æ su--æ Sicut lo-cutus est
ad patres nostros A-braham et semi-ni e-jus
ad patres nostros A-braham et se-mi-ni ejus re-
ejus in se-cu-la, in se-cu-la, in se-cu-la.
jus in secu-la, in se-cu-la, in se-cu-la.

Mod.to.
mf Gloria patri et fi-li-o et spiri-tu-i sanc-to.
p gloria patri et fi-li-o et spiri-tu-i sanc-to.
p Gloria patri et fi-li-o et spiri-tu-i sanc-to,
ff Sicut e-rat in principi-o et nunc et nunc et sem-per.
ff Sicut e-rat in principi-o et nunc et nunc et sem-per.
ff Sicut e-rat in principi-o et nunc et nunc et sem-per.
et in secula et in secula se-cu-lo-rum a-men.
et in secula et in secula se-cu-lo-rum a-men.
et in secula et in secula se-cu-lorum. a-men.
ff A-men amen a-men pp a-men amen a-men.
ff Amen Amen a-men pp amen, amen a-men.
ff a-men a-men pp a-men a-men.

3ᵉ Partie.

—

# MOTETS

## AU SAINT-SACREMENT

### ET

## A LA SAINTE-VIERGE.

Autographie Oberthur, Rennes.

# Table
## de la 3ième partie.

# Aux fêtes de Noël.

## Omni die. „St Casimir.„

2. Ipsam cole ut de mole  
   Criminum te liberet.  
Hanc appella, ne procella  
   Vitiorum superet.

3. Pulcra tota, sine nota  
   Cujuscumque maculæ  
Fac nos mundos et jucundos  
   Te laudare sedulè.

4. Mater facta sed intacta  
   Genuisti filium  
Regem regum, atque rerum  
   Creatorem omnium.

5. Omnes laudent unde gaudent  
   Matrem Dei Virginem  
Nullus fingat quod attingat  
   Ejus celsitudinem.

# Alma.

Barbier de St Preux.

Antienne a la Ste Vierge.

Moderato.

cur - re ca - denti surge - re qui cur-rat populo, tu
succurre ca - denti surge - re qui cur-rat populo, tu
suc-curre ca - denti surge - re qui cur-rat populo, tu
quæ ge-un - isti na - tu - ra mi - ran - te tu
quæ ge-un - isti na - tu - ra mi - ran - te tu
quæ ge-un - isti na - tu - ra mi - ran - te tu
um sanc - tum ge-ni - to - - rem, ge-ni-
um sanc - tum geni - to - - rem, ge-ni-
um sanc - tum geni - to - - rem genis
to - - rem Virgo pri-us ac poste - ri-
to - - rem Virgo pri-us ac poste - ri-
to - rem Virgo pri-us ac poste - ri-

us Gabri-e-lis ab
us Gabri-e-lis ab
us Gabri-e-lis Gabri-e-lis Gabri-e-lis ab
o-re su-mens il-lud a-ve pecca-
o-re su-mens il-lud a-ve pecca-
o-re sumens il-lud a-ve
to-rum mise-re-re pecca-to-
to-rum mise-re-re pecca-to-
pecca-torum mise-re-re pecca-torum mise-re-re mise-re-re
rum mise-re-re mise-re-re
rum mise-re-re mise-re-re

# Monstrate.

Mons-tra te es-se ma-trem su-
Mons-tra te es-se ma-trem su-
Monstra te es-se ma-trem su-
mat per te pre-ces qui pro no-bis na-
mat per te pre-ces qui pro no-bis na-
mat per te pre-ces qui pro no-bis na-
tus tu-lit es-se tu-us.
tus tu-lit es-se tu-us.
tus tu-lit es-se tu-us.
Lento.
A-men, a-men, a-men.
A-men a-men a-men.
Sit laus Deo Patri
Summo Christo decus
Spiritui Sancto
Tribus honor unus.
Amen.

# Sacris solemniis.

<table>
<tr><td>

**3.**

Dedit fragilibus,
Corporis ferculum,
Dedit et tristibus
Sanguinis poculum
Dicens: accipite,
Quod trado vasculum,
Omnes ex eo bibite.

</td><td>

**5.**

Te trina Deitas
Unaque, poscimus
Sic nos tu visitas
Sicut te colimus
Per tuas semitas,
Duc nos quo tendimus
Ad lucem quam inhabitas. Amen.

</td></tr>
</table>

7
pour finir
o- pe - ra. P a - men. a - men.
o- pe - ra. P a - men a - men.
o- pe - ra. P a - men a - men.
Soprano:
Noctis re - co - li - tur, cœ-na no - vis-sima
quâ Christus credi - tur Agnum et a-zyma
de - dis - se fra-tribus juxta le - gi - ti - ma
priscis in - dulta pa - tri - bus. Chœur. "Dedit et"
Basse:
Panis an - ge - li - cus fit panis ho - minum
dat panis cœ - li - cus fi - gu - ris ter - mi - num.
O res mi - ra - bi - lis manducat Domi - num
pauper ser - vus et hu - mi - lis. Chœur. "Ce trina"

# Motets

pour les Fêtes de Noël.

## Adeste.

Solo:     En, grege relicto, humiles ad cunas
Vocati pastores approperant:
Chœur:    Et nos ovanti gradu festinemus!
Venite, adoremus etc.

Solo:     Eterni parentis splendorem æternum,
Velatum sub carne, videbimus,
Chœur:    Deum infantem, pannis involutum!
Venite, adoremus, etc.

Solo:     Pro nobis egenum et fœno cubantem
Piis foveamus amplexibus:
Chœur:    Sic nos amantem quis non redamaret?
Venite, adoremus, etc.

Viens! peuple fidèle  
De Jérusalem;  
Ton maître t'appéle  
Près de Bethléem.  
De notre foi cet enfant est le gage  
Courons tous rendre hommage  
A notre Roi.

Ce roi de victoire  
Seigneur des Seigneurs  
Repose en sa gloire,  
Parmi des Pasteurs  
Suivre sa loi, voila notre partage.  
Courons tous rendre hommage,  
A notre Roi.

Joyeuses phalanges  
Du divin séjour  
Chantez ses louanges,  
Le cœur plein d'amour  
Libres d'effroi contemplez son image  
Courons tous rendre hommage  
A notre Roi.

# Jesu mi,
## Deus meus.

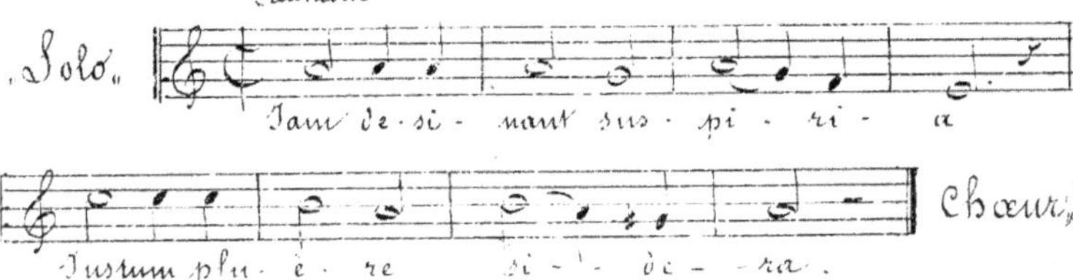


2  Nunc in excelsis gloria,
   Terris sint pax et gaudia.
        Salvator &c.

3.  Ad cunas Jesu tendite,
    Munera vestra prodite.
        Salvator &c.

4.  Tetra clauduntur Tartara
    Cœli panduntur limina
        Salvator &c.

5   Grates Deo persolvere
    Juvat triadi canere,
        Salvator &c.


A l'Epiphanie on ajoute avant la
dernière strophe:


Aurum porrigat Charitas
Et myrrham vitæ sanctitas
        Salvator &c.

Infanti thus gratissimum
Præbete vota cordium.
        Salvator &c.

„Chœur„

Salvator nobis natus est plaudite.
Salvator nobis natus est plaudite.
Salvator nobis natus est plaudite,
plaudite, plaudite vestris cantibus
plaudite, plaudite vestris cantibus
plaudite, plaudite, vestris cantibus
Pen nostra salus fit homo Deus
Pen nostra salus fit homo Deus
Pen nostra salus fit homo Deus
O Jesu mi, Jesu mi, Deus meus.
O Jesu mi, Jesu mi, Deus meus.
O Jesu mi, Jesu mi, Deus meus.

# Cantiques.

## pour les Fêtes de Noël.

## Au St berceau.

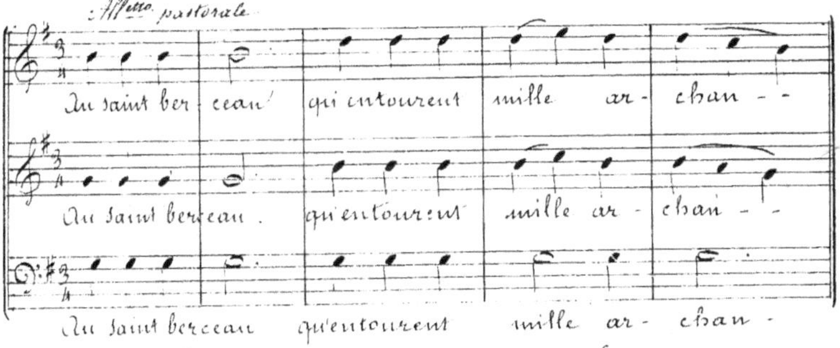

*Allmo pastorale.*



2.
Le voyez-vous?
Déjà par son sourire,
De votre cœur il se montre jaloux:
Il tend les bras, sa bonté vous attire;
Fut-il jamais engagement plus doux?
Le voyez-vous?

3.
Oui, je le vois;
Mais plus pressante encore,
Jusqu'a mon cœur a pénétré sa voix.
Pour toi, dit il, je souffre à mon aurore;
Tes premiers ans, mon fils, tu me les dois.
Oui, je le vois.

4.
Quelle douleur!
Mon Dieu, verse des larmes!
J'entends ses cris, ils déchirent mon cœur!
Enfant Jésus, d'où naissent vos alarmes?
Qui peut troubler la paix de mon Sauveur?
Quelle douleur!

5.
Ne pleurez plus
Si disciple infidèle,
J'ai démenti vos divines vertus,
Je veux enfin imiter mon modèle;
J'apprendrai tout au berceau de Jésus
Ne pleurez plus.

6.
La pauvreté,
Compagne de sa vie,
N'aigrira plus mon orgueil revolté.
J'abjure enfin et la plainte et l'envie;
Puisque Jésus a par choix adopté
La pauvreté.

7.
Docile enfant!
Dans sa retraite obscure,
Il vit caché soumis, obéissant:
Et ce Dieu fort qui créa la nature,
D'un vil travail lasse un bras tout-puissant.
Docile enfant!

8.
Faible mortel,
Contre un joug salutaire
J'armais souvent un orgueil criminel.
Ah! j'oubliais qu'obéir et me taire,
C'est imiter le fils de l'Eternel,
Faible mortel!

9.
Au saint berceau,
Ah! puisse l'innocence
Chercher toujours son appui, son flam- [ff-beau]
Avec Jésus prolonger notre enfance,
Et tous les ans trouver plaisir nouveau
Au saint berceau.

———

( mois heureux, Que triste âme attendrie
Depuis longtemps appelloit de ses vœux)
( mois des fleurs, sois le mois de Marie
Brille des armes, plus pur, plus radieux.
( Mois heureux )

ges, Où naît pour nous des en - fants le plus beau,
ges, Où naît pour nous des en - fants le plus beau
ges, Où naît pour nous des en - fants le plus beau.
pp Venez u - nir votre a - mour vos lou - an - - - ges.
pp Venez u - nir votre a - mour vos lou - an - - - ges
pp Venez u - nir votre a - mour vos lou - - an - - ges
f peuple nais-sant, cher es - poir du trou - peau, f au saint ber
f peuple naissant cher es - poir du trou - peau f au saint ber
f peuple naissant, cher es - poir du troupeau, f au saint ber -
ceau ff au saint ber - ceau, f au saint ber - ceau !
ceau ff au saint ber - ceau f au saint ber ceau !
ceau ff au saint ber - ceau f au saint ber ceau !

# L'écho de Béthléem.

2   Bergers, pour qui cette fête ?
    Quel est l'objet de tous ces chants ?
    Quel vainqueur, quelle conquête ?
    Mérite ces cris triomphants. Ah!

3.  Ils annoncent la naissance
    Du libérateur d'Israël.
    Et plein de reconnaissance
    Chantons en ce jour solennel. Ah!

4   Cherchons tous l'heureux village,
    Qui l'a vu naître sous ses toits.
    Offrons lui le tendre hommage
    Et de nos cœurs, et de nos voix. Ah!

5.  Déja les bienheureux anges,
    Les chérubins, les séraphins,
    Occupés de ses louanges
    Ont appris a dire aux humains. Ah!

6.  Dans l'humilité profonde
    Où vous paraissez à nos yeux
    Pour vous louer, Roi du monde,
    Nous redirons ce chant joyeux. Ah!

7.  Toujours remplis du mystère
    Qu'opère aujourd'hui votre amour,
    Notre devoir sur la terre
    Sera de chanter chaque jour. Ah!

# Venez Divin Messie.



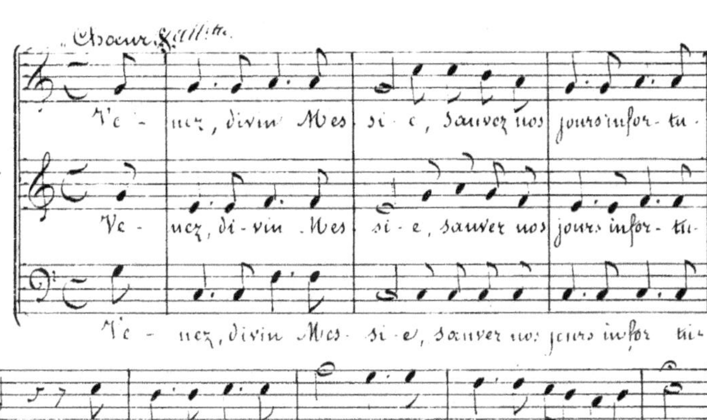

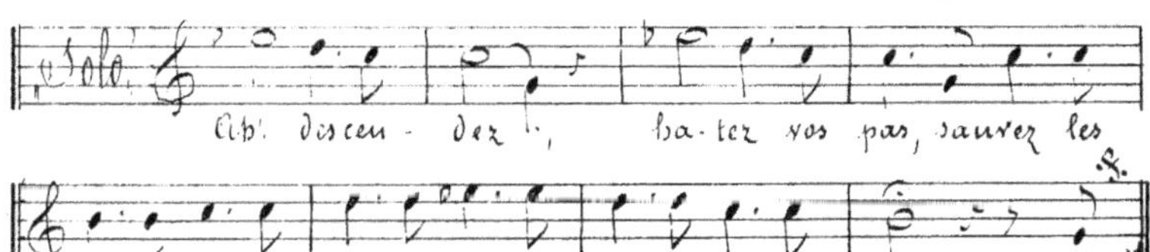

*Pour les autres couplets, voir les recueils de Cantiques.*

# Annuntio vobis.

Offertoire pour le jour de Noël.

glo - - - - - - ri a in al
glo - - - - - - ri a in al
tis si mis De - o. Et in ter ra pax
Trio.
Trio.
Et in ter ra pax
pax ho - mi ni - bus pax ho - mi ni bus
pax pax
bo nae volun ta - tis pax pax pax homi ni
pax pax pax homi ni
bus bo nae vo - lun - ta - - tis.
bus bo nae vo - lun - ta - - tis.
Solo
Tenor
Quem vi - di - tis pas - to - res di - ci te
di - ci - te annun ti a - te no - - bis

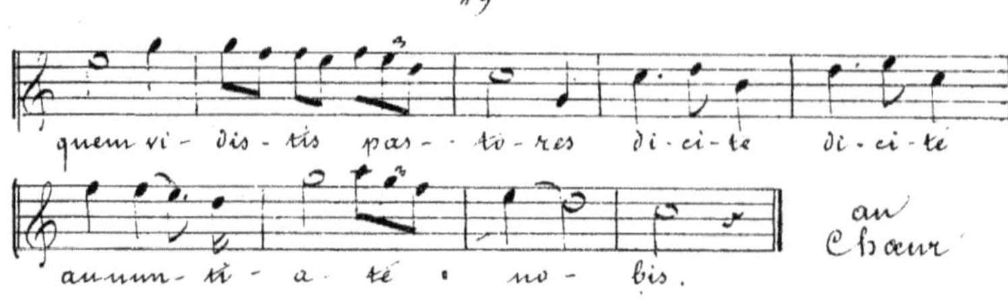
quem vi - dis - tis pas - to - res di - ci - te di - ci - te
annun - ti - a - té · no - bis.
au Chœur

## Chœur

f Quem vi - dis - tis pas - to - res, di - ci - te, di - ci - te,
f Quem vi - dis - tis pas - to - res di - ci - te di - ci - te
f Quem vi - dis - tis pas - to - res di - ci - te di - ci - te
an - nun - ti - a - té no - - bis quem vi - dis - tis pas -
an - nunti - a - te nobis, quem vi - dis ti pas -
annunti - a - té nobis, quem vi distis pas -
to - res di - ci - té di - ci - te
solo tutti s. t. s.
to - res di - cite di - ci - té di - ci - te di - ci - te an - nun - ti -
tores ii - cite di - ci - ti.

Ou reprend le chœur
pour finir

# Motets

## au Saint Sacrement

ET

## à la Sainte Vierge

Pour les differentes fêtes de l'année.

## Panis angelicus.

hominum fit pa - - nis panis homi - num dat
homi num fit pa - nis panis homi - num dat
hominum fit pa - - - nis fit panis homi - num.
fit pa - - - nis fit panis homi - num.
panis cœli - cus fi - guris terminum dat panis panis
panis cœ-li - cus fi - guris termi - num dat panis panis
dat panis cœli - cus fi - guris terminum dat panis
dat panis cœli - cus fi - guris termi - num
cœli - cus dat panis panis cœli - cus fi - gu - - ris
cœli-cus, dat panis panis cœli cus fi gu - - ris
cœli-cus dat panis cœli - cus fi - gu - ris
fi - gu - ris

ter - mi - num p o res mira bi - lis o res
ter - mi - num p o res mira-bi-lis o res
ter - mi - num p o res mira-bi-lis o res
ter - mi - num o res mira-bi-lis o res
o res mi-ra-bi-lis P manducat Domi-num man
o res mira-bi-lis P manducat Do-mi-num man
o res mi-ra-bi-lis P manducat Domi-
o res mira-bi-lis P man ducat Domi-
ducat Domi-num F pauper servus et humilis man
ducat Do-mi-num F pauper servus et humilis man
num man-ducat Domi-num, manducat Dominum
num man-ducat Domi-num.

du - cat Dominum, pau - per ser - vus et hu - mi -
in - cat Dominum, pauper ser - vus et hu - mi -
manducat Dominum       p pauper servus et hu - mi -
p pau - per servus et hu - mi -
lis   p pau - per ser - vus et p hu - mi - lis.
lis   p pauper ser - vus et p hu - mi - lis.
lis       p pauper servus et p hu - mi - lis.
lis       p pau - per servus et p hu - mi - lis.
a - men   pp a - - men.
a - - men   pp a - - men
a - - men   pp a - - men
a - - men   pp a - - men.

# BENEDICTA ET VENERABILIS.

CHŒUR à 3 VOIX.

Andante

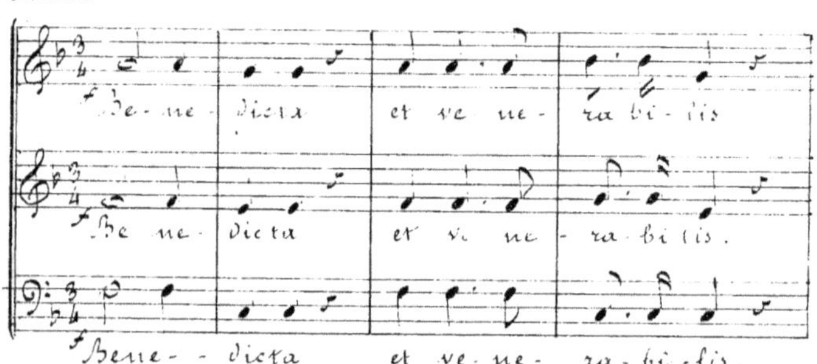

ri-a bene-dic-ta et vene-rabi-lis,
ri-a bene-dic-ta et venera-bi-lis.
ri-a
ve-ne-ra-bi-lis
vir-go ve-ne-ra-bi-lis,
bene-dicta vir-go ve-ne-ra-bi-lis.
si-ne tactu pu-do-ris in-venta si-ne
si-ne tactu pu-do-ris in-venta si-ne
si-ne
tactu pu-do-ris in-ven-ta es,
tactu pu-do-ris in-ven-ta es
tactu pu-do-ris in-ven-ta es.

P be-ne-dic-ta et vene-rabi-lis
P bene dic ta et vene ra bi-lis.
f bene-dic-ta vir-go Ma-ri-a
virgo virgo Ma-ri-a
f be-ne-dic-ta virgo Mari-a.
f mater Salvato-ris. f mater Salvato-
f mater Salvato-ris. f mater Salvato-
f mater Salvato-ris. f mater Salvato-
ris virgo virgo Ma-ri-a!
ris virgo virgo Ma-ri-a!
ris virgo virgo Ma-ri-a!

# O SALUTARIS

## Chœur à 3 voix

bur pp da ro-bur da robur fer au-xi-li
bur pp da ro-bur da robur fer au xi li
bur pp ia ro-bur da robur fer au-xi-li
um. P au-xi-li-um pp an-xi-li-um.
um P au-xi-li-um pp au-xi-li-um
um P au-xi-li-um pp au-xi-li-um.

## Ecce panis

Andte.
Ec-ce panis an-ge-lorum,
fac-tus ci-bus vi-a-to-rum, ec-ce panis
an-ge-lorum non mittendus mittendus ca-ni bus.
factus cibus vi-a-to-rum vere panis
ritard.
fi-li-o-rum.

# Caro mea

## Solo et Chœur.

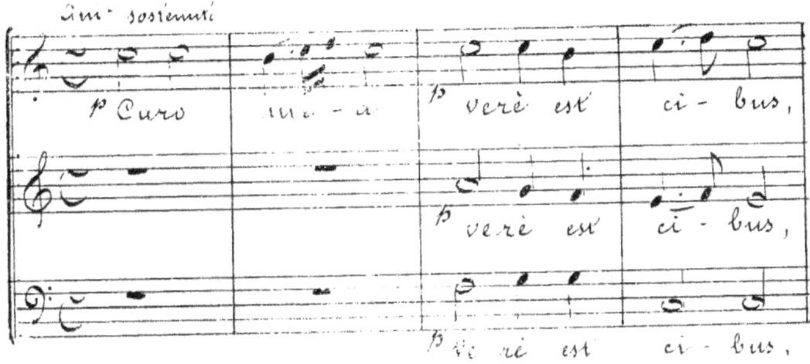


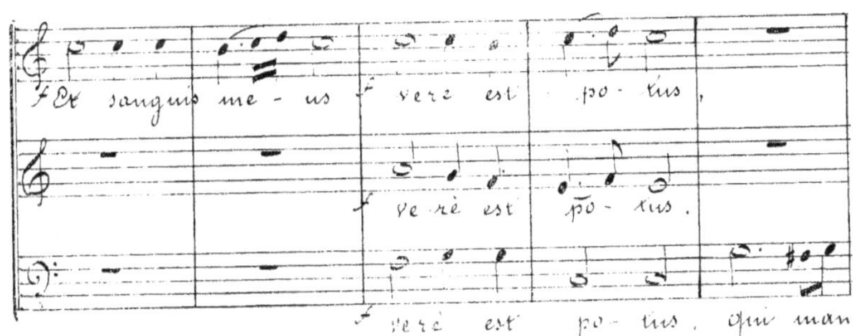

et bibit meum sanguinem in me manet
et bibit meum sanguinem in me ma-net
sanguinem et bibit meum sanguinem in me manet
et ego in e - o. Caro me - a vere est
et ego in e - o. vere est
et e-go in e - o. vere est
ci-bus Et sanguis me - us vere est po-tus
ci-bus ve-re est po-tus
ci-bus vere est po-tus
Qui mandu-cat me - am carnem
Qui man-du-cat me - am carnem
qui manducat meam carnem

Et bi - bit me - - um sanguinem qui manducat
Et bi - bit me - um sanguinem, qui manducat
et bi bit meum sanguinem.
meam carnem. in me
meam carnem in me manet in me
in me manet et e - go in e -
manet et e - go in e - - o.
manet et e - go in e - - o.
manet et e - go in e - - o.

# AVE MARIA.

Trio.

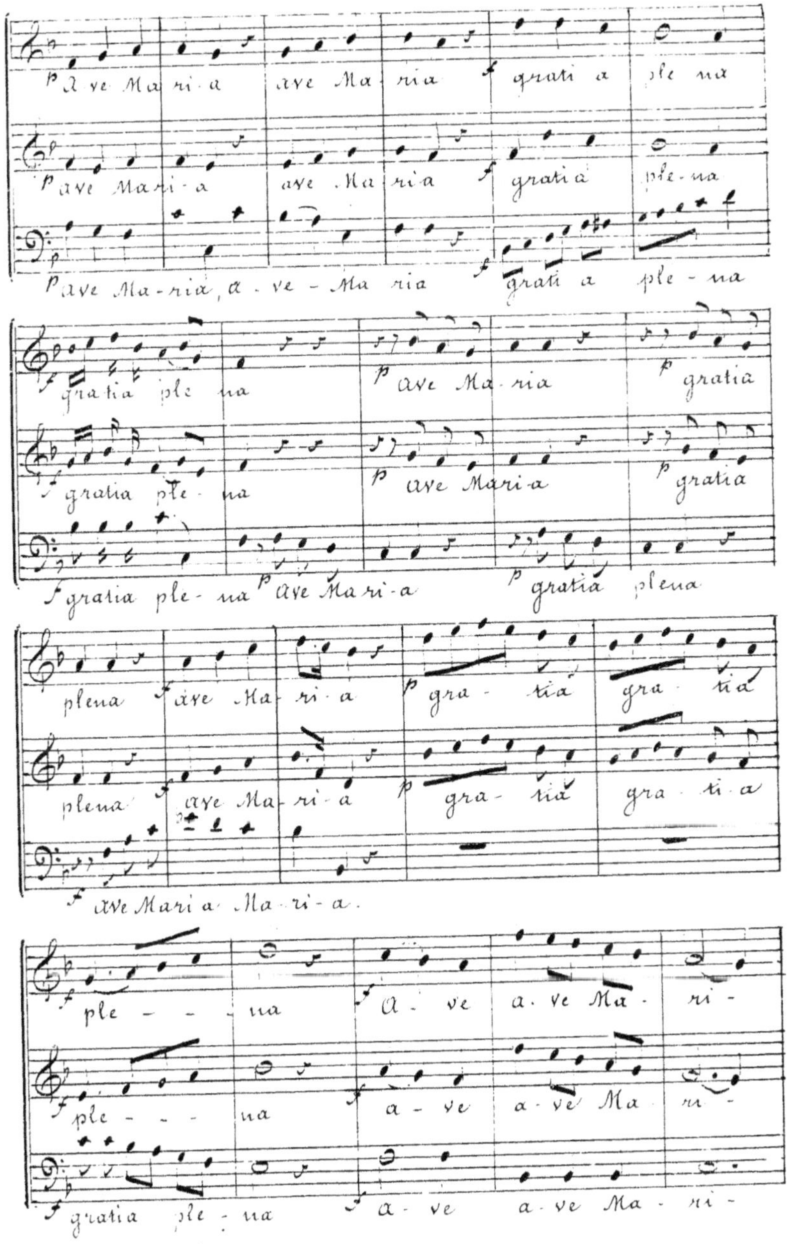
p A ve Ma ri-a ave Ma-ria f grati a ple na
p ave Mari-a ave Ma ri a f gratia ple-na
p ave Ma-ria, a-ve-Ma ria f grati a ple-na
f gratia ple na p ave Ma-ria p gratia
f gratia ple-na p ave Mari-a p gratia
f gratia ple-na p ave Ma ri-a p gratia plena
plena f ave Ma-ri-a p gra-tia gra-tia
plena f ave Ma-ri-a p gra-tia gra-ti-a
f ave Maria Ma-ri-a.
ple---na f a-ve a-ve Ma-ri-
f ple---na f a-ve a-ve Ma-ri-
f gratia ple-na f a-ve a-ve Ma-ri-

# SUB TUUM.

CHŒUR A 2 VOIX.

## O SALUTARIS.

a 3 voix égales.

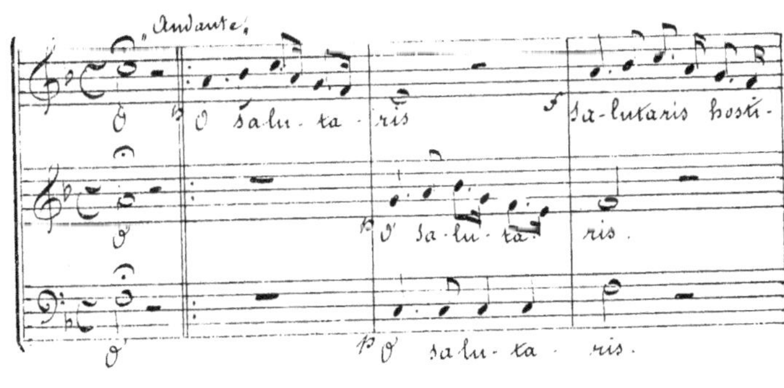

quæ cœ- li pandis cœ- li pandis osti-
Psalutaris hosti- a quæ cœ- li pan- dis cœli pandis osti
Psalu- taris hosti- a quæ cœ- li pan- dis cœli pandis osti-
um, quæ cœli pandis osti- um, bella premunt bella premunt bella
um os- ti- um bella premunt bella premunt, bella
um. os- ti- um bella premunt bella premunt, bel
premunt hosti li- a, hosti li- a a bella premunt hosti li-
pre-munt hosti li- a, hosti- li- a. a bella pre-munt hostili-
la. bel- la hosti- li- a a. bel- la hosti li-
a da ro- bur, fer auxi li- um da ro- bur, fer auxi li- um.
a. da ro- bur, fer auxi li- um da ro- bur, fer auxi li- um.
a. da ro- bur, fer auxili- um da ro- bur, fer auxi li- um.

# LAUDATE.

## DUO ET CHŒUR.

se - ri - cordi - a e - jus P quoni - am confir
se - ri - cordi - a e - jus P quoni - am confir
se - ri - cordi - a e - jus ff Quoni - am confirmata
mata est super nos mi - se - ri - cordi - a
mata est su - per nos mi - se - ri - cordia
est quoniam confirmata est mi - se - ri - cordia
e - jus
e - jus.
e - jus
f Et veri - tas Domini manet
f Et veri - tas Domini manet.
f Et veri - tas Domini manet
f Et veri - tas Domini manet in æ - ternum in æ - ternum
f Et veri - tas Domini manet in æ - ter - num in æ - ternum.
f Et veri - tas Domini manet in æ - ter - num in æ - ternum.

„Duo
P glori a glori a glori a patri et
fi lio glori a glori a spi ri tu i sanc to.
ff glori a patri et fi li o P glori a patri et
ff glori a patri et fi li o P glori a patri et
ff glori a patri et fi li o P glori a patri et
fi li o P glori a patri et fi li o ff et spiri tu i sanc to.
fi li o P glori a patri et fi li o ff et spiri tu i sanc to.
fi li o glori a patri et fi li o et spiritu i sanc to.
„Duo
P glori a glori a glori a patri et
fi li o glori a glori a spi ri tu i sanc to.
D:C:

# O QUAM SUAVIS EST

## offertoire

### CHŒUR A 4 VOIX.

na - nes P Dominus re git me nihil mihi de-e-
na - nes P Dominus regit me nihil mihi de-e-
na nes P Dominus regit me nihil mihi de-e-
na - nes P Dominus regit me nihil mihi de-e-
rit P in loco pascu - æ me collo - ca - vit. P Benedicam
rit P in loco pascu æ me collo - ca - vit. P
rit P in loco pascu æ me collo - ca - vit Benedicam
rit P in loco pascu - æ me collo - ca - vit.
Dominum in omni tempo - re semper laus e-
P Benedi - cam Dominum in omni tempo - re
Dominum in omni tempo - re semper laus e-
P Benedi - cam Dominum in omni tempo - re.

jus in ore me-o magnifica- te
semper laus e--jus in ore me-o magnifica
jus in ore me-o magnifi ca-
semper laus e--jus in ore me-o magnifi ca-
1re fois 2me
- e-um mecum. me - cum in æter num, in æter-
te eum mecum me-cum in æ-ter num, in æ-ter-
te eum mecum me-cum in æter-num in æ-ter
te eum mecum me-cum in æ-ternum in æ-ter-
num in æter num, in æter num in æ ter num.
num in æternum, in æter-num in æ-ter num.
num in æternum, in æter-num in æ-ter num.
num in æter-num in æ-ter-num.

# RÉGINA COELI

## Antienne à la T.S. Vierge.

Duo.
Qui - a quem me - ru - is - ti, qui - a quem meru - isti por - ta -
Qui - a quem meru - is - ti, qui - a quem me - ru - isti por - ta -
re. al - le - lu - ia.
re al - le - lu - ia.
tutti
risoluto.
Re - sur - rexit
tutti
Re - sur - rexit
tutti
Resur - rexit
sicut dixit si - cut di - xit al - le - lu - ia.
D.C.
sicut dixit si - cut di - xit al - le - lu - ia.
D.C.
sicut dixit si - cut dixit al - le - lu - ia.
D.C.
Solo lento.
O - ra pro nobis De - um, ora pro nobis De -
um. ora pro no-bis o - ra o - ra pro nobis De - um.
presto
tutti
al - le - lu - ia
al - le - lu - ia.
al - le - lu - ia.

# O Salutaris.

Grand chœur à trois parties.

cœ - li pandis quæ cœli quæ cœli pandis osti - um.
cœ - li pandis quæ cœli quæ cœli pandis osti - um.
cœ - li pandis pan-dis osti - um.
Bella pre-munt hos-ti-li - a, bel-
"Tenor"
bella pre-munt hosti-li - hos-ti-li - a.
bella pre-munt hosti-li - a.
la - pre-munt pre-munt hos-ti-li-
bel-la pre-munt premunt hos-ti-li-
bel-la premunt bel-la premunt hos-ti-li-
a bel-la premunt pre-munt hos-
a bel-la premunt pre-munt hos-
a bel-la pre-munt bel-la pre-munt hos-

sti-li-a P da robur fer da robur fer P da robur
sti-li-a P da robur fer da robur fer P da robur
sti-li-a P da robur fer da robur fer P da robur
fer au-xi-li-um
fer au-xi-li-um P au-xi-li-um PP au-xi-li-um.
fer au-xi-li-um P au-xi-li-um PP au-xi-li-um.
F O Salu-ta-ris hos-ti-a quæ cœli pandis quæ
F O Salu-ta-ris hos-ti-a quæ cœli pandis quæ
F O Salu-ta-ris hos-ti-a quæ cœli pandis quæ
cœli pandis quæ cœli quæ cœli pandis osti-um.
cœli pandis quæ cœli quæ cœli P pandis osti-um.
cœli pandis P pandis osti-um.

pp cæli pandis ostium da ro- bur da ro-
cœli pandis ostium da ro- bur da ro-
cœli pandis osti- um f da ro- bur da ro- bur
bur da ro- bur fer au- xi- li- um da ro- bur
bur da ro- bur fer au- xi- li- um da ro- bur
da ro- bur fer au- xi- li- um da ro- bur da ro
da ro- bur, da ro- bur fer au- xi- li- um f da -
da ro- bur, da ro bur fer au- xi li- um f da -
bur da ro bur fer au- xi- li- um da
ro- bur fer au- xi- li- um
ro- bur fer au- xi li- um pp auxili- um.
ro- bur fer au- xi- li- um pp auxili- um.

# SALVE REGINA.

## A la T. S. Vierge

Solo. de Basse
rum val- le.
rum val- le.
rum val- le.
Pia ergo advocata
nostra illos tuos mi-seri-cordes
o-culos ad nos con- verte.
Et Jesum bene- dictum fructum ventris tu-i.
Et Je-sum bene- dictum fructum ventris tu-i.
Et Je-sum bene- dictum fructum ventris tu-i.
nobis post hoc exi-li- um osten- de. O clemens, o pi-a,
nobis post hoc exi-li- um ostende. O clemens, o pi-a,
nobis post hoc e-xi-li-um ostende
O dulcis Virgo Ma- ri- a.
O dulcis Virgo Ma- ri- a.
clemens, o pi-a. O dulcis Virgo Ma- ri- a.

# O SACRUM CONVIVIUM

## CHŒUR A 3 VOIX.

reco-litur memoria pas-si-onis e-jus mens im-pletur
re-co-li-tur memoria passi-onis e-jus mens im-pletur
reco-litur memoria passi-onis e-jus mens im-pletur
gratia, et fu-tu-ræ glori-æ no-bis
grati-a, et fu-tu-ræ glo-ri-æ no-bis
gratia et fu-tu-ræ glori-æ no-bis
pi-gnus pi-gnus datur! al-le-lu-ia.
pi-gnus pi-gnus datur! al-le-lu-ia.
pi-gnus pignus datur! Al-le-lu-ia. Al-le-lu-
al-le-lu-ia. al-le-lu-ia.
al-le-lu-ia. al-le-lu-ia, al-le-lu-ia.
ia. al-le-lu-ia. al-le-lu-ia.

# LAUDA, SION.

Chœur & Trio.

laude nec laudare suffi- cis. ff Lauda Sion, Salva- torem.
laude nec laudare suffi- cis
nec lau-da- re suffi- cis ff lauda
lauda ducem et pas- to- rem, Lauda, Sion, Salva- torem.
lauda ducem et pas- to- rem,
ducem et pas- torem, in hym-
in hymnis et canti- cis pp lauda Si-on, salva- to- rem.
in hymnis et canti- cis pp lauda
nis et can- ti- cis pp lauda
pp lauda ducem et pas- to- rem.
si- on, sal- va- to- rem. pp lau da ducem et pas-
si- on, salva- torem. pp lauda ducem et pas-

FF Lauda, Sion, Salva - to - rem.
sto - rem.
FF Lauda, Sion, Salva - to - rem.
sto - rem. FF Lauda Sion, Salva - to - rem
Lauda ducem et pas -
lauda ducem et pas - to - rem Lauda, Sion, Salva - to rem.
lauda ducem et pas - to rem Lauda, Sion, Salva - to rem
to - rem lauda, Sion, salva - to - rem. in hymnis et canti -
FF in hymnis et canti - cis. in hymnis et canti - cis.
Fin.
FF in hymnis et canti - cis in hymnis et canti - cis.
Fin.
FF in hymnis et canti - cis in hymnis et canti - cis.
Fin.
And.te une seule Voix. TRIO.
PP Ecce panis ange lorum, factus ci - bus via - to - rum
une seule voix.
PP Ec - ce panis ange lorum factus ci - bus via - torum.
une seule voix.
PP Ecce panis ange lorum factus cibus vi - a - to - rum.

veré panis fi-li-orum non mittendus cani-bus. in figuris præsi-
veré panis fi-li-orum non mittendus canibus in figuris præsi-
veré panis fi-li-orum, non mittendus cani-bus in figuris præsi-
gnatur, cum Isaac immo-latur agnus paschæ depu-tatur, datur
gnatur cum Isaac im-mo-latur agnus paschæ depu-tatur datur
gnatur cum Isaac immo-latur, agnus paschæ depu-tatur, datur
manna patri-bus. Ecce panis ange-lorum factus ci-bus vi-a-
manna patri-bus. Ecce panis ange-lorum factus ci-bus via-
manna patri-bus. Ecce panis ange-lorum factus cibus via-
torum. veré panis fi-li-o-rum non mit-tendus cani-bus.
torum veré panis fi-li-orum, non mit-tendus cani-bus
torum. veré panis fi-li-orum non mit-tendus cani-bus.
D.C.
D.
D.C.

# Inviolata

*Prose à la S.te Vierge*

Chœur à 3 voix.

O mater alma christi carissima suscipe pia flau-
O mater alma christi carissima suscipe pia flau-
O mater alma christi carissima suscipe pia flau-
dum præco- ni- a nostra ut pu- ra pecto- ra
dum præco- ni- a nostra ut pu- ra pec- ro- ra
dum præco- ni- a nostra ut pu- ra pec- ro- ra
sint et corpo- ra et cor- po- ra te nunc
sint et corpo- ra et cor- po- ra te nunc
sint et corpora et cor- po- ra te nunc
fla-gitant de- vo- ta cor- da et o- ra.
flagitant de- vo- ta cor- da et o- ra.
flagitant de- vo- ta cor- da et o- ra

tua per pre - cata dulci - sona no - bis
tua per pre - cata dulci - sona no - bis
tua per pre - cata dulci - sona no - bis
conce - das veni - am per se - cu - la. O be -
conce - das veni - am per se - cu - la O be -
conce - das veni am per se - cu - la O be -
nigna O re - gi - na O Maria!, quæ sola
ni gna O re - gina O Maria! quæ sola
nigna O re - gina O Ma - ria! quæ sola
in vi o - lata permansis - ti.
in vi o - lata permansis - ti.
in vi o - lata permansis - ti.

# SALUTS

## pour les Dimanches ordinaires

### Panem vivum.

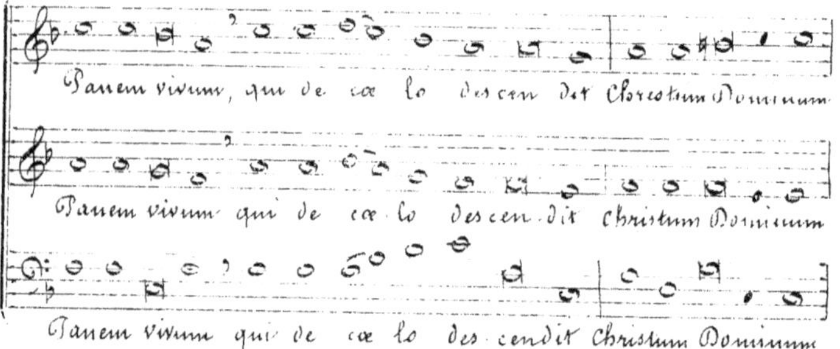


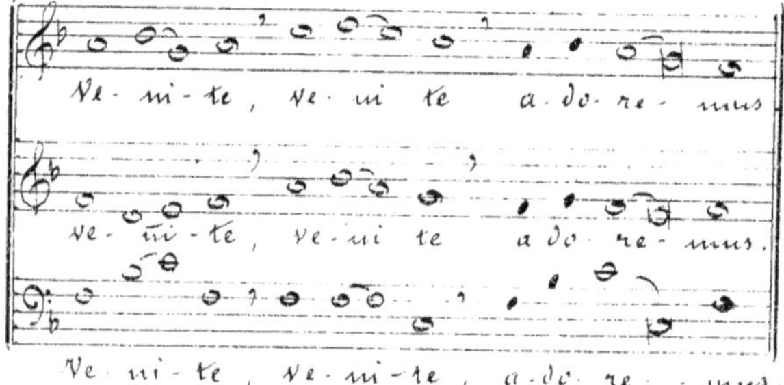


### Adoremus.

# O Salutaris.

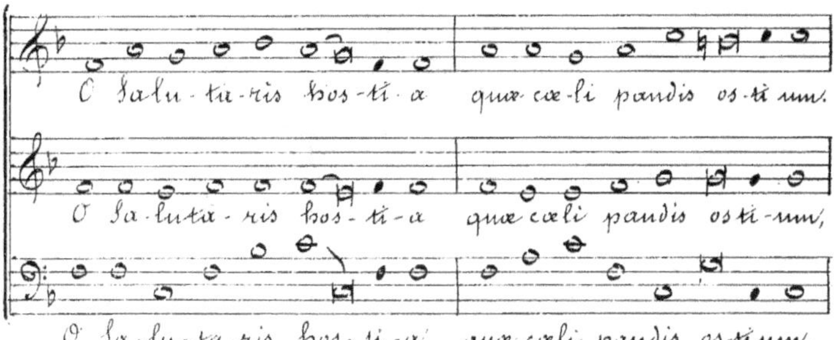


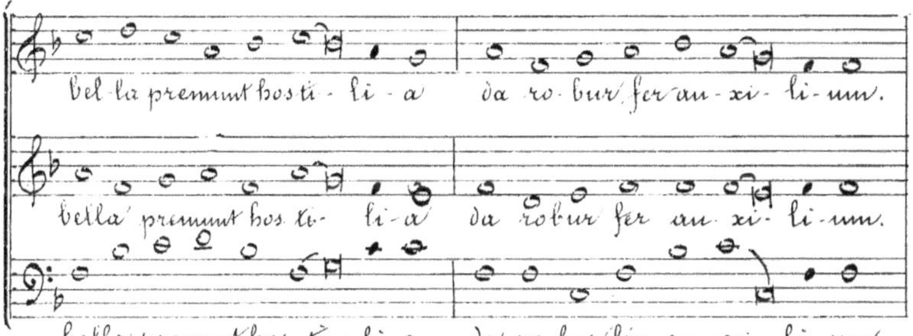


Uni trinoque Domino
Sit sempiterna gloria
Qui vitam sine termino
Nobis donet in patria. Amen.

# Rorate cœli.

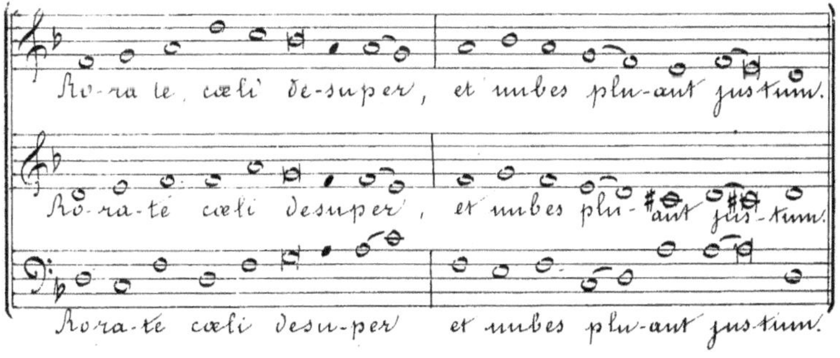

# O Salutaris.

Unitrinoque Domino
Sit sempiterna gloria,
qui vitam sine termino
Nobis donet in patria. Amen.

# Attende, Domine.

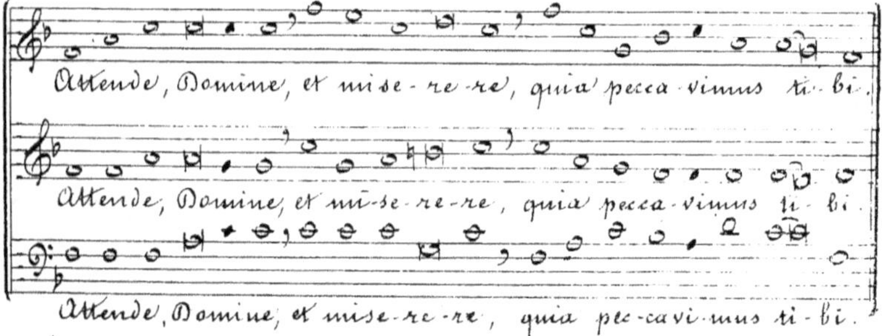

# Tantum ergo.

Tantum er-go sa-cra-men-tum ve-ne-re-mur cer-
Tantum ergo sa-cra-men-tum ve-ne-re-mur cer-
Tantum er-go sa-cra-men-tum ve-ne-re-mur cer-
tu-i — Et antiquum do-cu-mentum novo cedat ri-tu-
tu-i — Et anti-quum do-cu-mentum novo ce-dat ri-tu-
tu-i — Et an-tiquum do-cu-mentum novo ce-dat ri-tu-
i — Præstet fi-des supplementum sensuum de-fec-tu-i.
i — Præstet fi-des supple-mentum sensuum de-fec-tu-i.
i — Præstet fi-des supple mentum sensuum de-fec-tu-i.
Tutti Coro. Tantum ergo sacramentum, veneremur cernui. Et antiquum do-cu-
mentum novo cedat ri-tu-i. Præstet fides supplementum sensuum defectui.

# Tantum ergo.

Genitori genitoque
Laus et jubilatio,
Salus honor virtus quoque.
Sit et benedictio:
Procedenti ab utroque
Compar sit laudatio.
Amen.

# Panis angelicus.

# Panis angelicus.

Te trina Deitas, unaque, poscimus
Sic nos tu visita, sicut te colimus
Per tuas semitas, duc nos quò tendimus
Ad lucem quam inhabetas.

Amen.

# Adoro te.

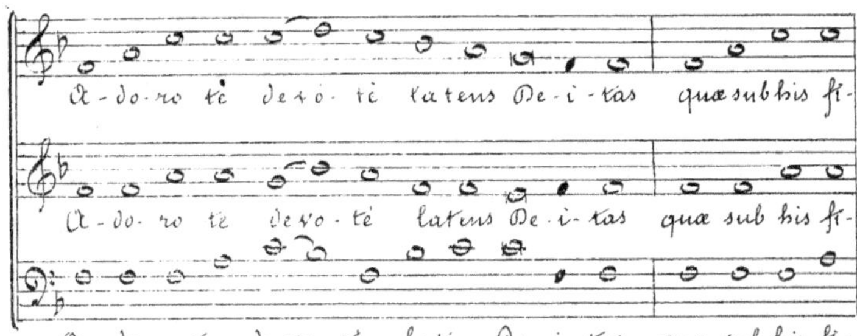


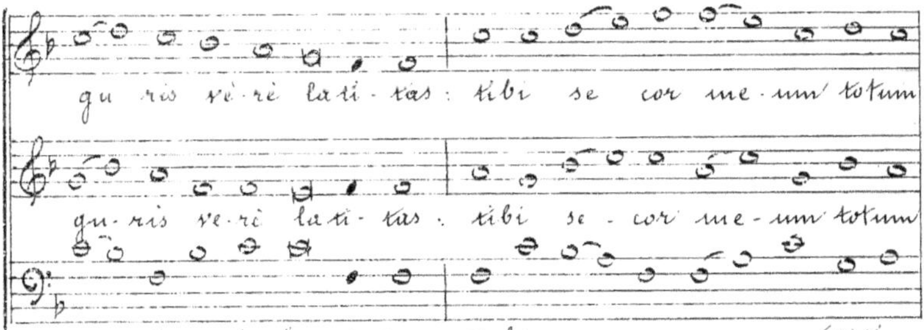


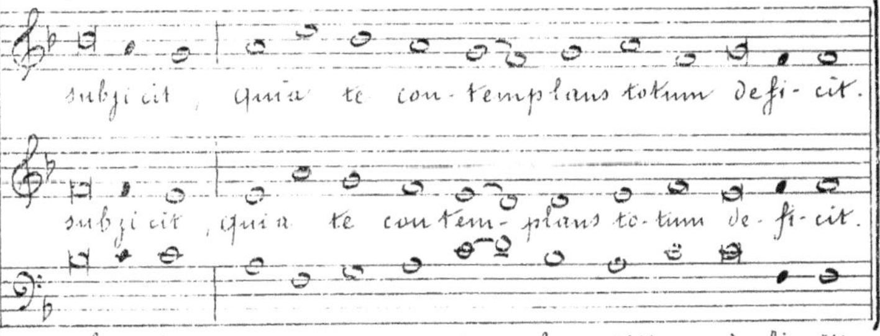


2. Pie Pelicane Jesu Domine
   Me immundum munda tuo sanguine
   Cujus una stilla salvum facere
   Totum mundum quit ab omni scelere

3. Jesu, quem velatum, nunc aspicio
   Oro fiat illud, quod tam sitio:
   Ut te revelata cernens facie,
   Visu sim beatus tuæ gloriæ. Amen.

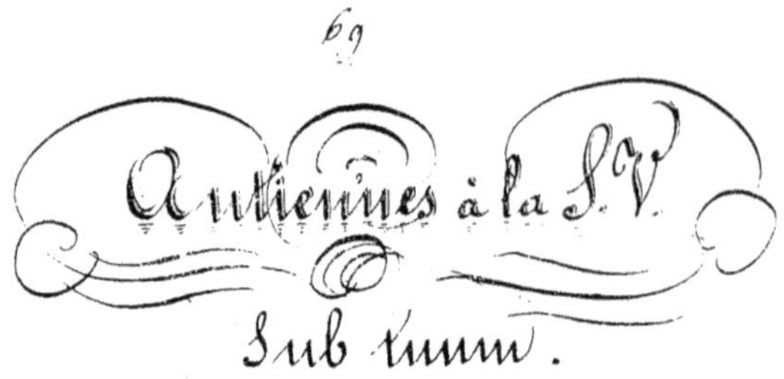
Antiennes à la S. V.

Sub tuum.

Sub tuum præsi-di-um confu-gimus sancta Dei ge-nitrix
Sub tuum præsi-dium confugimus sancta Dei ge-nitrix
Sub tuum præsi-dium confugimus sancta Dei ge-nitrix.
Nostras deprecati-o-nes ne despi-ci-as in neces-si-tati-bus
Nostras deprecati-o-nes ne despi-ci-as in necessi-ta ti-bus
nos-tris. Sed a pe-ri-culis cunctis li-be-ra nos semper,
nos-tris. Sed a pe-ri-culis cunctis li-be-ra nos semper.
Virgo glori-o---sa et bene-dic-ta.
Virgo glori-o---sa et be-ne-dic-ta.
Virgo glori-o--sa et be-ne-dic-ta.

# O Sanctissima.

Hymne à la Sainte Vierge.

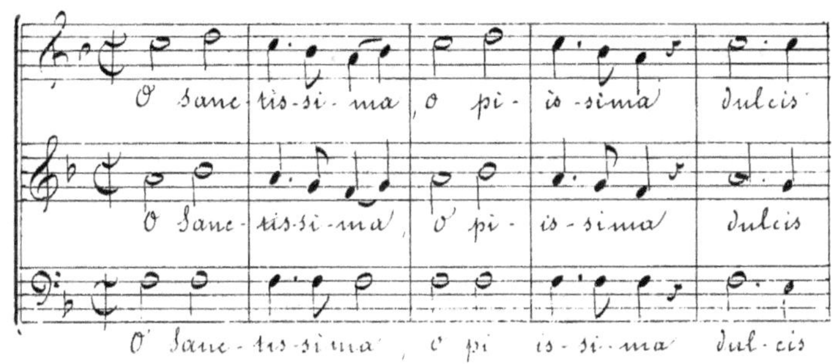

# Regina cœli.

## Antienne pour le temps pascal.

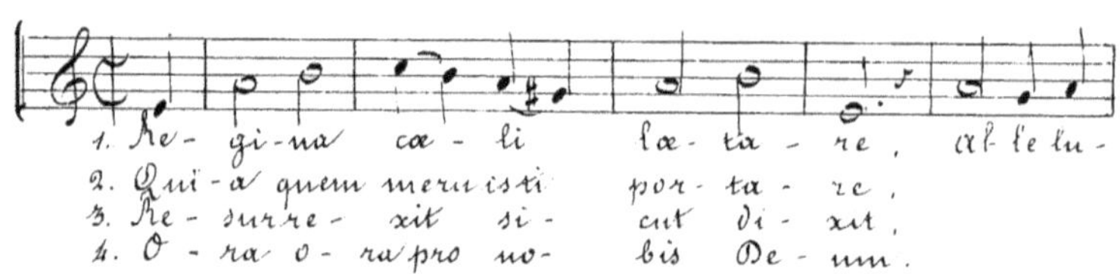

# Alma.

Pendant l'Avent:  ℣ Angelus Domini nuntiavit Mariæ,
℟ Et concepit de spiritu Sancto.

A Noël  ℣. Post partum Virgo inviolata permansisti
℟. Dei Genitrix, intercede pro nobis.

## Parce, Domine!

# Benedictus.

Solo
Lento
Be- - ne dic-tus be- ne- dic-tus qui venit in no mine
Do- mini; bene-dictus qui venit, qui venit in nomine Domini, qui venit in
Ho- sanna in ex- celsis, ho- san- na in ex-
no-mine Do-mi- ni. Ho- sanna in ex- cel-sis, ho- sanna in ex-
Ho- sanna in ex- celsis, ho- san- na in ex-
cel- sis, ho- sanna ho- sanna in ex- cel-sis. ho- san-na in ex-
cel- sis, ho- sanna, ho- sanna in ex- cel- sis. ho- san- na in ex-
cel- sis, ho- sanna ho- sanna in ex- cel- sis. ho- san na in ex-
cel- sis, ho- san- na in ex- cel-sis ho- sanna in ex- cel- sis.
cel- sis ho- san- na in ex- cel- sis, ho sanna in ex cel- sis.
cel-sis, ho- san- na in ex- cel- sis, ho- sanna in ex cel- - sis.

# Ave verum.

Solo
A - - re verum corpus natum de Mari-a vir-gi-ne.
Ve - - re passum immolatum in cruce pro ho-mi-ne.
Ve - - re passum immolatum in cruce pro ho-mi-ne.
Ve - - re passum immolatum in cruce pro ho-mi-ne.
Cujus latus per-fo-ra- -tum fluxit aqua et sanguine.
Esto nobis præ-gus-ta - -tum mortis in e - -xa-mi-ne.
Esto nobis prægusta - -tum mortis in e - -xa-mi-ne.
Esto nobis prægusta - -tum mortis in e - -xa-mi-ne.
O - Jesu dul- -cis   O - Jesu pi - -gi- e.
O - Jesu pi - - e.
O - Jesu pi - - e.

O Jesu fi li Ma ri a. tu nobis mi se re re O men
tu nobis mise re re. A men.
tu nobis mise re re. A-men.
Chœur.
A - ve, A - ve verum corpus natum de Mari - a Vir - gine.
a - ve verum corpus natum de Mari - a Vir - gine.
verum corpus natum de Mari - a vir - gine.
verum corpus natum de Mari - a vir gine
Solo.
Ve-ré passum immolatum in cruce pro ho-mine. Cujus latus
perfo-ratum fluxit aqua et sanguine, esto nobis proegus ta tum
mortis in e - xa - mine. O Jesu dulcis O je su pie O Jesu
fi li Mari - æ, tu no-bis mise re - re.

## Ave verum.

# Salve Regina.

## Chant des Oratoriens.

et flentes in hac lacrymarum valle. Eia ergo advocata
et flentes in hac lacrymarum valle. Eia ergo advocata
et flentes in hac lacrymarum valle. Eia ergo advocata
nostra illos tuos misericordes oculos ad nos converte.
nostra illos tuos misericordes oculos ad nos converte.
nostra illos tuos misericordes oculos ad nos converte.
Et Jesum benedictum fructum ventris tui nobis post hoc exilium
Et Jesum benedictum fructum ventris tui nobis post hoc exilium
Et Jesum benedictum fructum ventris tui nobis post hoc exilium
ostende. O clemens, O pia, O dulcis virgo Maria.
ostende. O clemens, O pia, O dulcis virgo Maria.
ostende. O clemens, O pia, O dulcis virgo Maria.

# Stabat

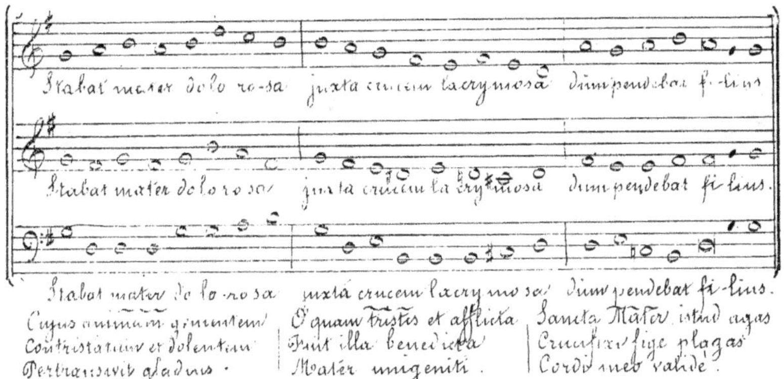


# Inviolata.

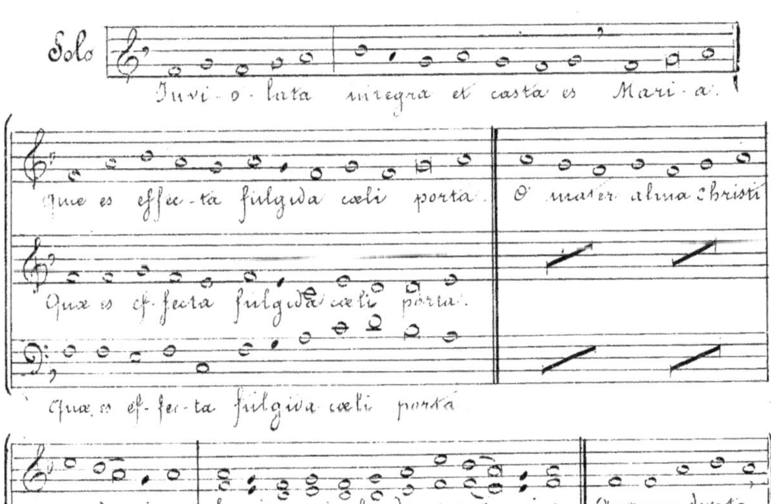

flagrant corda et ora.
Nostra ut pura pectora sint et corpora.
Nostra ut pura pectora sint et corpora.
Nostra ut pura pectora sint et corpora.
Tu a per precata dulci-sona.
No-bis concedas se-mi-am
No-bis concedas se-mi-am
No-bis concedas se-mi-am
per secu-ta.
O Be-ni-gna.
O Re-gi-na.
O Mari-a.
per se-cu-la.
O Re-gi-na.
per secula.
O Re-gina.
quæ sola invi-o-la-ta per-man-si-sti.
quæ sola invi-o-la-ta perman-si-sti.
quæ sola invi-o-la-ta perman-si-sti.

Alleluia. Hymne au S. Eudes.
Fin
Al-le-lu-ia al-le-lu-ia, al-le-lu-ia.
Al-le-lu-ia, al-le-lu-ia, al-le-lu-ia.
Al-le-lu-ia, al-le-lu-ia, al-le-lu-ia.
Refrain
O Virgo sa-cra-tis-si-ma, O mater a-man-tis si-
O Virgo sacra-tis-si-ma, O mater a-man-tis-si-
O Virgo sa-cra-tis-si-ma, O mater a-man-tis-si-
ma, O De-o di-lec-tissi-ma. al-le-lu-ia.
ma O De-o di-lec-tis-si-ma, al-le-lu-ia.
ma, O Deo di-lec-tissi-ma, al-le-lu-ia.

1. Beati qui te diligunt
Et tibi corde serviunt,
Te semper Matrem colunt. All.

2. Nomen tuum dulcissimum,
Quam laude clarissimum
Laudetur in perpetuum. All.

3. Benedictum sit cor tuum
corda Jesu carissimum
Et cordis nostri gaudium. All.

4. tibi honor, amor gloria
æterna tibi gaudia
æterna sine præconia All.

5. Vivat Jesus et Maria,
Vivant corda fidelia,
Et cantent in lætitia: Alleluia.

# 4ᵉ Partie.

---

# CANTIQUES.

---

Autographie Oberthur, Rennes.

# Table
## de la 4ᵉ partie

# Salut aimable jour.

## Cantique

en Canon pour 3 voix égales

toi- re qu'il rem - por- te sur les en
jour chan- tons chan- tons l'hymne de la vic-
jour chantons chantons chantons l'hymne de la vic-
fers salut sa- lut aimable jour que tout s'anime en ce saint
toire qu'en ce jour reten- tissent les chants de vic-
toire sa- lut ai ma- ble jour que tout s'anime en ce saint
jour, chan tons chantons, chantons l'hym- ne de la vic-
toi- re qu'il rem- por- te sur les en-
jour chan- tons chan- tons l'hyme de la vic-
toire sa- lut ai ma ble jour que tout s'anime en ce saint
fers salut sa- lut ai ma ble jour que tout s'anime en ce saint
toire qu'en ce jour reten tissent les chants de vic-

jour chan-tons chantons l'hymne de la vic-
jour chantons chantons chantons l'hymne de la vic-
toi-re qu'il rem-por-té sur les en
toire qu'en ce jour reten-tissent les chants de vic-
toire sa-lut ai mable jour que tout s'a-nime en ce saint
fêrs salut sa-lut ai-ma-ble jour que tout s'a-nime en ce saint
toi-re qu'il rem-por té sur les en-fers.
jour chantons chantons l'hymne de la vic-toire
jour, chantons chantons chantons l'hymne de la vic-toire
assemblez vous, enfans heureux. assemblez vous, enfans heu-
assemblez vous, enfans heu
as-semblez-vous, enfans heu-

reux la gloire va combler vos vœux la gloi - re
reux la gloire va combler vos vœux et la gloi - re va
reux la gloire va combler vos vœux et la gloire
va com - bler vos vœux. la
- combler et la gloire va combler vos vœux la gloi -
va com - bler vos vœux et la
gloire va com - bler vos vœux
- re va combler et la gloire va combler vos vœux.
gloire va com - bler vos vœux.
assemblez - vous. assemblez - vous, enfants heu -
assemblez vous. assemblez - vous, enfans heu -
assemblez - vous assemblez - vous, enfans heu -

reux la gloire va combler vos vœux la gloi-re
reux la gloire va combler vos vœux, et la gloi - re va
reux la gloire va combler vos vœux et la gloi-re
va com - bler vos vœux. la
- combler et la gloire va combler vos vœux la gloi-
va com - bler vos vœux. et la
gloire va com - bler vos vœux hon-
- re va combler et la gloire va combler vos vœux. hon-
gloire va com - bler vos vœux hon-
neur, hon-neur au Roi des cieux !
neur, honneur au Roi des cieux !
neur, hon-neur au Roi des cieux !

# Bénissez - nous.

## Cantique pour la bénédiction
### du
## St SACREMENT.

nos chants les plus doux. p Jésus, comblez f notre allé-
nos chants les plus doux. p Jé-sus, com-blez f notre al-lé-
nos chants les plus doux p Jé-sus, com-blez f notre al-lé-
gresse p é-coutez l'amour f l'a-mour qui vous presse f Bé-
gresse p é-coutez l'amour f l'amour qui vous presse f Bé-
gresse p é-coutez l'amour f l'a-mour qui vous presse f Bé-
nissez - nous mf Bé-nis-sez - nous p Bé-nis-sez
nissez - nous mf Bé-nis-sez - nous p Bé-nissez -
nissez - nous mf Bé-nissez - nous p Bé-nissez
nous pp Bé- - nis-sez - nous!
nous pp Bé-nis-sez - nous!
nous pp Bé-nis-sez - nous!

# O Ciel !

Lorsque je contemple  
Cet auguste autel,  
Mon ame dans ce temple  
Cherche l'Éternel.  
Mais la Foi m'éclaire  
De son divin feu,  
Dans ce sanctuaire  
J'adore mon Dieu } bis

Ah ! si mon offense  
Parle contre moi,  
Seigneur ta clémence  
Rassure ma foi.  
O Douce Espérance  
Soutien du pécheur  
De ta jouissance  
Embrasse mon cœur } bis

Refrain pour la Sainte Vierge.

Tendre Marie, O mon bonheur
Toujours chérie, Tu vivras dans mon cœur.

# O moment solennel !!!

## à 4 voix.

tels
en fa - veur du pé - cheur
tels
en fa - veur du pé - cheur
- crés autels, l'in - comparable hos - ti - e
en faveur du pécheur s'of-
l'incompa - rable hostie
elle est aussi pour moi
la
le sa - lut et la vi - e, la
pre mystiquement, elle est aussi pour moi, le sa - lut et la - vi - e, la
mystiquement
le sa - lut et la vie, la
joie et le bonheur
O mo - ment so - len - nel.
joie et le bonheur.
O mo - ment so - lennel.
joie et le bonheur, o moment solen - nel. O mo - ment so - len - nel.
joie et le bonheur. O moment so - len - nel O mo - ment so - len - nel.

# Adorons tous.

## Cantique à trois voix égales.

cordent à louer un Dieu si près de nous, que nos cœurs et nos vœux et
cordent à lou-er un Dieu si près de nous, Que nos cœurs et nos vœux et
cordent à lou-er un Dieu si près de nous, Que nos cœurs et nos vœux et
nos chants les plus doux, Que nos cœurs et nos vœux, que nos cœurs et nos vœux
nos chants les plus doux s'accordent à lou-er un Dieu si près de
nos chants les plus doux s'accordent à lou-er un Dieu si près de
s'accordent à lou-er s'accordent à lou-er un Dieu si près de nous s'accordent à lou-
nous. s'accordent à lou-er un Dieu si près de nous.
nous s'accordent à lou-er un Dieu si près de nous.
er, un Dieu si près de nous un Dieu si près de nous.
f un Dieu si près de nous un Dieu si près de nous.
f un Dieu si près de nous un Dieu si près de nous.

# O prodige d'amour.

### Solo et Chœur à 3 voix.

prosternez-vous. offrez des vœux oui mortels, c'est le
prosternons-nous, offrons des vœux.
prosternons-nous offrons des vœux.
prosternons nous offrons des vœux.
roi des cieux. le roi des cieux, oui mortels, c'est le
le roi des cieux, le roi des cieux, oui mortels c'est le
le roi des cieux, le roi des cieux, oui mortels, c'est le
le roi des cieux, le roi des cieux, oui mortels c'est le
roi des cieux, oui mortels c'est le roi des cieux.
roi des cieux, oui mortels c'est le roi des cieux.
roi des cieux, oui mortels c'est le roi des cieux.
roi des cieux, oui mortels c'est le roi des cieux.

# Gloire à Dieu.

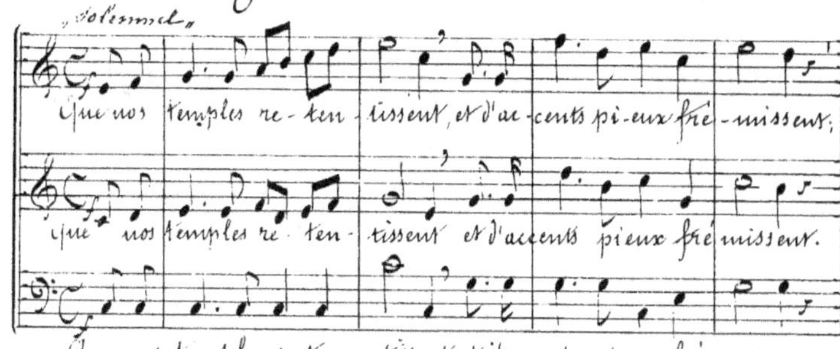

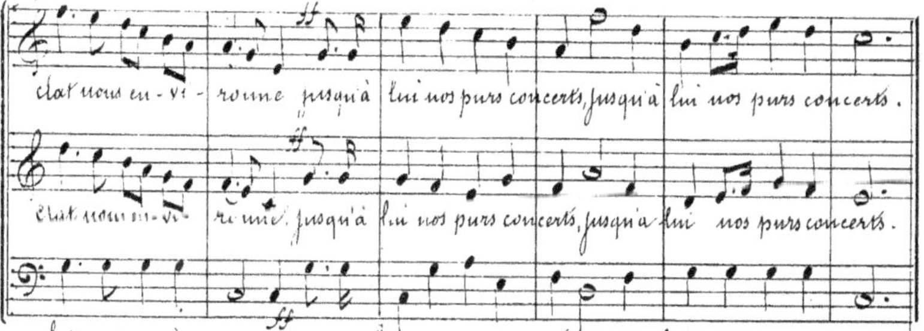


O Jésus, de cette vie  
Douce aurore, fleur bénie  
Veille encor' sur tous nos pas.  
Nous voulons t'aimer, te plaire  
Te louer sur cette terre  
Te servir jusqu'au trépas.

# CANTIQUES

Pour le

# MOIS DE MARIE

à 2 & 3 VOIX.

**•••**

## Première partie.

**•••**

## PLAIRE A MARIE.

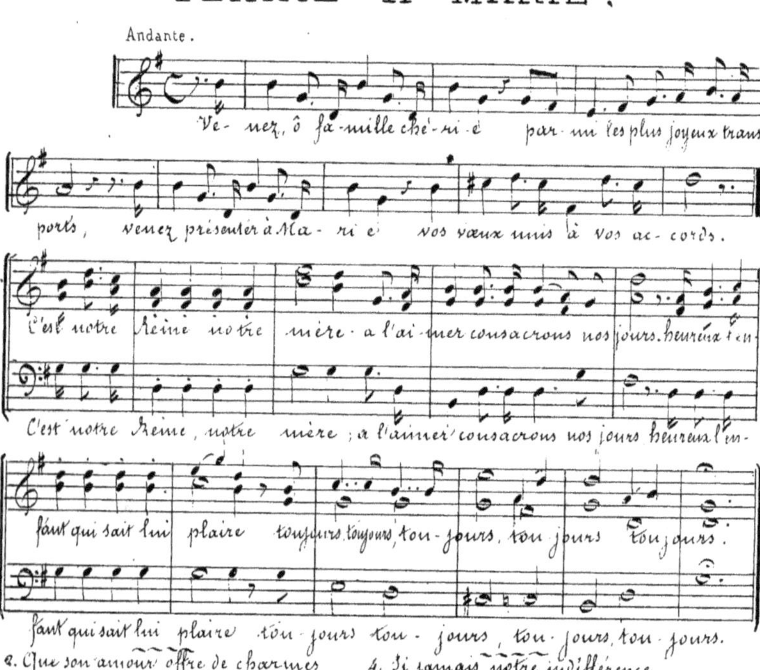


2. Que son amour offre de charmes
Que son service a de douceurs !
Marie en essuyant nos larmes,
Change nos épines en fleurs.

3. De tous les biens source féconde,
Source de vie et de douceur
Toujours par torrents sur le monde
Les graces coulent de son eau.

4. Si jamais notre indifférence
O Vierge oublia tes faveurs
Des mains de la reconnaissance
Recois aujourd'hui tous nos cœurs.

5. O Marie autour de ton trône
Puissions-nous tous unis un jour
Mettre a tes pieds notre couronne,
Ouvrage et don de ton amour.

# à Marie immaculée.

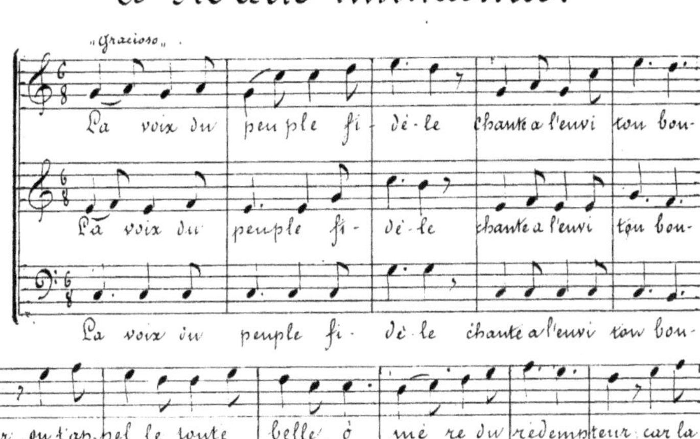


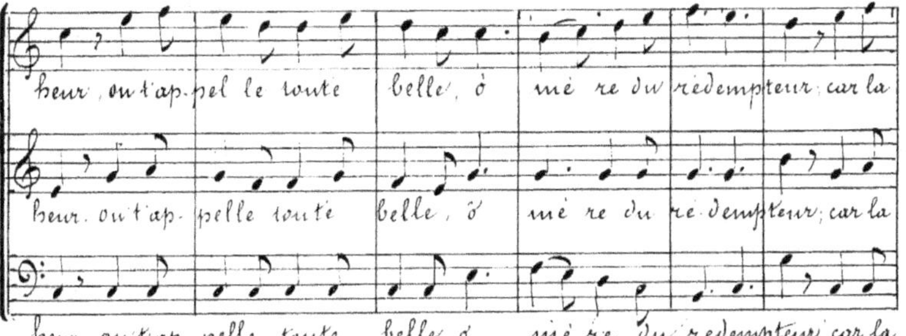


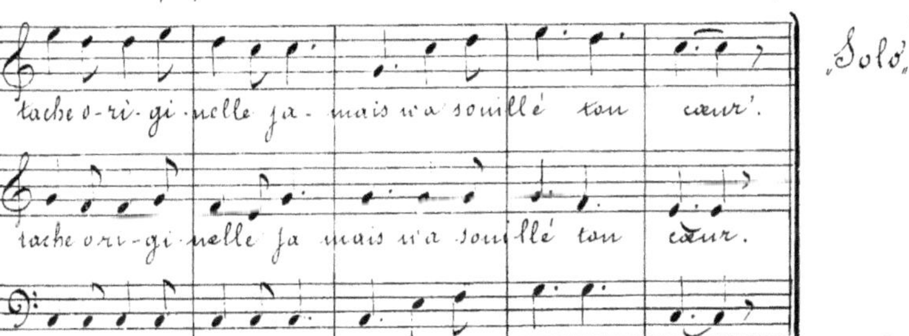


Heureux l'instant où cette belle aurore     Le monde entier te nomme: Immaculée.
Vient annoncer le soleil éternel     Nous avons vu ce nom victorieux
Ou l' salut que l'univers implore.     Rendre la paix à l'ame désolée
Déja de loin brille sur Israël!     Rendre au pecheur sa place dans les cieux.
Marie à peine est au sein de sa mere     Nous le chantons, Sainte Vierge Marie,
Que Satan voit chanceler son pouvoir.     Ce nom qui seul proclame tes bienfaits;
Dieu la possede ah! dans ce sanctuaire     Ce nom si doux qu'au sein de la patrie
Ce Dieu jaloux un jour viendra s'asseoir     Nous espérons célébrer à jamais.

**Solo.**

Des premiers jours que nous apprend l'his-toi - re. È - ve suc-combe au serpent in-fer-nal'. Cruel ty-ran, u-ne seule vic-toi-re nous range tous sous ton sceptre fa-tal. mais une femme d'cra se-ra ta tê-te; n'espéré pas la sou-mettre à ta loi. Cel-le qui vient t'arra-cher ta con-quête, ne fléchit point le ge-nou devant toi.

## L'Assomption.

Andantino.

**Solo.** Saintes co-hortes, du Dieu d'a-mour. heureuse cour, ouvrez vos portes en ce grand jour.

*Refrain.* Marie en-tre dans la ci-té, de la cé-leste chari-té, Reine des temps et de l'é-ter-ni-té.

Marie en-tre dans la ci-té de la cé-leste chari-té, Reine des temps et de l'é-ter-ni-té.

| | | | |
|---|---|---|---|
| 2. Quelle est donc celle | 3. Pleine de grâce | 4. O cieux, ô terre, | 5. Sainte Patronne, |
| Qui des déserts | D'amour, de foi, | Prosternez-vous | Que tes enfants |
| S'élève aux airs, | O Divin Roi | Bénissons tous | Portent leurs chants |
| Brillante et belle | Elle a pris place | De notre mère | Jusqu'à ton trône |
| D'attraits divers. | Auprès de toi. | Le nom si doux. | Comme l'encens. |

# Marie, refuge de l'enfance.

Moderato.

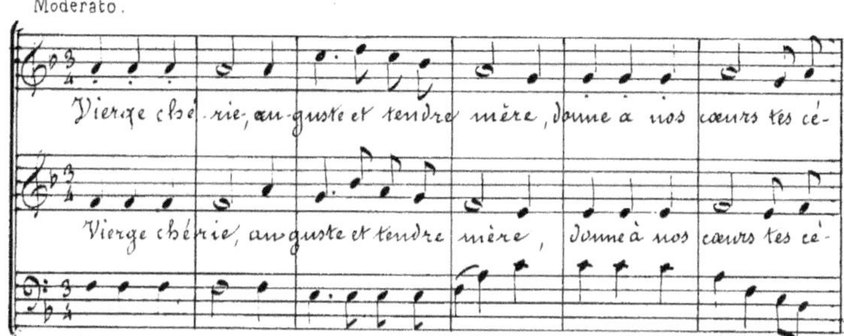


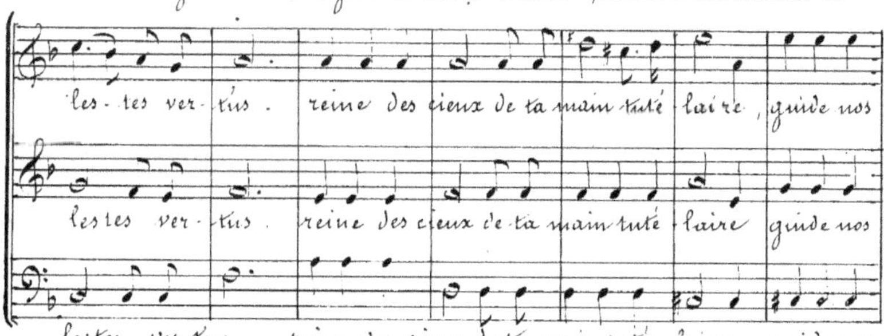

1. Je suis l'agneau que de sa dent sanglante
Le loup cruel s'apprête à déchirer;
En vain j'essaye une fuite tremblante,
Il me poursuit et va me dévorer.

2. Je suis le lys douce et fidèle image
De l'innocente amour d'un noble cœur;
Mais le serpent dans sa jalouse rage,
S'élance et veut en ternir la blancheur.

3. Je suis l'esquif, battu par la tempête,
Jouet des flots qui m'éloignent du port,
La foudre au ciel éclate sur ma tête,
Et sous mes pieds un abyme et la mort.

4. Voici venir de nouveaux jours d'alarmes,
Mais si j'obtiens, ô Vierge ta faveur,
L'espoir renait, je sens tarir mes larmes,
Et de l'enfer je brave la fureur.

Du monde et de l'enfer, l'impuissante furie  
Se brisera toujours contre le noble cœur  
    Du soldat chrétien, dont Marie  
    Anime et soutient la valeur.

Marie est avec nous, que nous fait donc leur nombre?  
Ils tombent par milliers sous le glaive divin!  
    Ils se dissipent comme l'ombre  
    Devant les clartés du matin!

Dans la tour de Sion, à l'abri des alarmes,  
David pouvait braver un ennemi cruel;  
    Il y trouvait aussi des armes  
    Pour armer les forts d'Israël:

Telle est pour nous Marie un refuge, un asile  
Où jamais des méchants ne parviennent les coups,  
    Où le chrétien toujours tranquille  
    De l'enfer brave le courroux.

# Marie, Reine des Anges.

## Le SS. Cœur de Marie.

# Le chapelet.

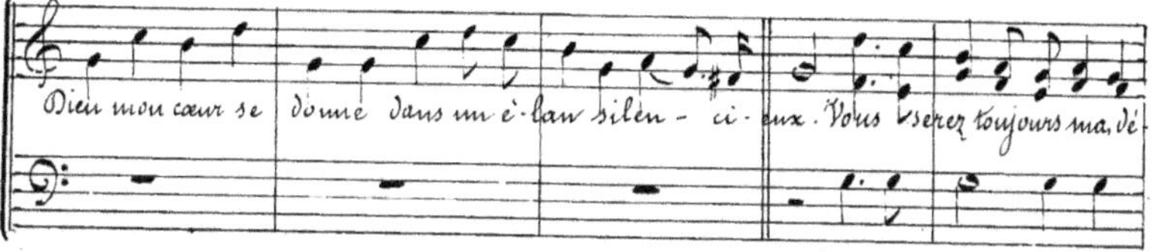


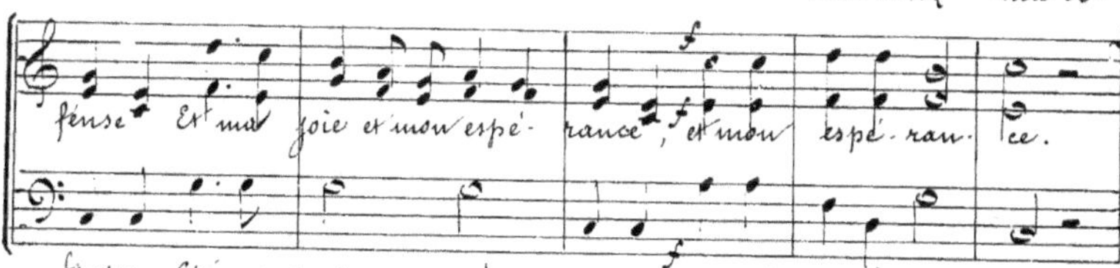


2. Vous qui me dictez quand je prie
Les mots du message divin,
Qui fut la gloire de Marie
Et le salut du genre humain;

3. Vous dont la forme symbolique,
Vous dont le nom pris à la fleur,
Rappelle la rose mystique,
Reine des jardins du Seigneur;

4. Vous qui tenez de saints mystères
Cachés sous vos dizains bénis;
Qui de souvenirs salutaires
Doucement charmez nos esprits.

5. Vous livre ouvert où l'ignorance
Peut puiser le savoir divin:
Secrets d'amour et d'innocence
Que l'orgueilleux recherche en vain;

6. Je vous aime et je vous regarde
Avec respect, avec espoir,
Comme un ami sûr qui me garde
Dans la pratique du devoir!

7. Restez avec moi, douce chaîne
Que votre anneau mystérieux
Me lie à mon aimable Reine,
Et rattache mon cœur aux Cieux!

## Adieux à Marie

2. Hélas! loin de ton sanctuaire
Pauvre orphelin, que deviens...
Où maintenant t'adresser ma prière
Où te prier de me bénir?

3. O ma douce Consolatrice,
Veille sur moi sauve mes jours.
Fais que jamais mon ame ne fléchisse.
Fais que mon cœur t'aime toujours.

4. Astre des mers ô belle étoile,
Le ciel est noir l'écueil m'attend,
Par ta clarté viens diriger ma voile:
Le nautonnier c'est ton enfant.

5. Mère de Dieu, toi que ma mère
Me dit d'aimer, d'aimer toujours
A toi mes vœux, mon cœur, ma vie entière
Ah! daigne en protéger le cours.

# Adieux à Marie

# Ave Maria

Soyez-nous douce et clémente,  
Ô Vierge toute puissante,  
Ô mère du Dieu Sauveur!  
Pour nous tous enfants des hommes  
Pauvres pécheurs que nous sommes  
Priez, priez le Seigneur.

Quand viendra l'heure dernière  
Soyez encor la lumière  
De nos yeux privés du jour  
Qu'en votre sein recueillie  
Notre âme, mère bénie,  
Monte au céleste séjour.

# Ave maris stella.

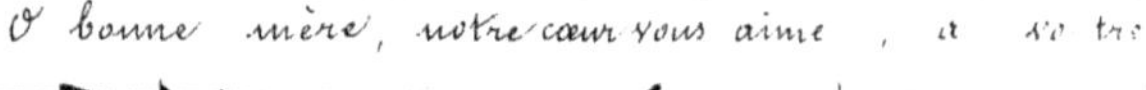

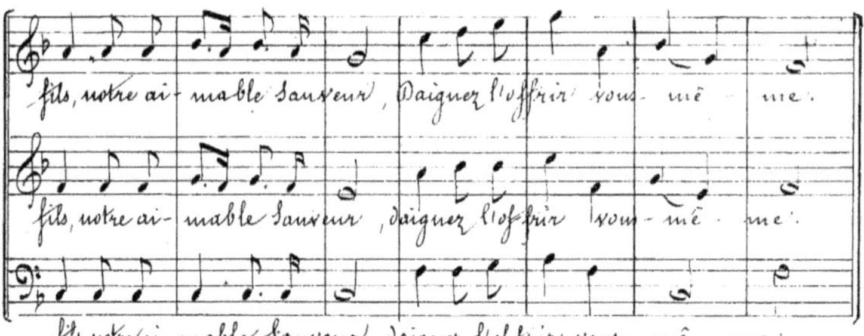


Avec l'archange Gabriel
Nous vous saluons, ô Marie;
Rendez-nous l'amitié du-ciel;
Mieux qu'Ève soyez notre vie.

Des pécheurs rompez les liens;
A nos yeux donnez la lumière;
Faites succéder tous les biens
A notre détresse première.

Soyez vraiment mère pour nous;
Que le Dieu né pour nos misères,
Le Dieu qui voulut être a vous
Par vous exauce nos prières.

Chef-d'œuvre des mains du Seigneur,
O Vierge douce sans mesure,
Soyez bonne à l'homme pécheur :
Rendez notre âme douce et pure.

De tout péché préservez-nous,
Du salut montrez nous la voie;
De ceux qui régnent avec vous
Faites-nous partager la joie.

A Dieu le Père Créateur,
A Jésus-christ source de vie,
A l'Esprit Sanctificateur
Honneur, amour gloire infinie !

# La prière du soir.

Aux premiers feux de l'aurore,          Donne nous quelqu'un des Anges
Nous étions à tes genoux.               Qui forment au ciel ta cour.
Nous y revenons encore.                 Il chantera tes louanges,
Te dire: Veille sur nous                Nous gardant avec amour.
Veille sur nous bonne mère,             Vous à l'ombre de tes ailes
Car notre ennemi jaloux                 Nous reposerons en paix.
Plein de ruse et de colère              Puissions-nous être fidèles
Toujours rôde autour de nous.           Nuit et jour à tout jamais!

# Consécration à Marie.

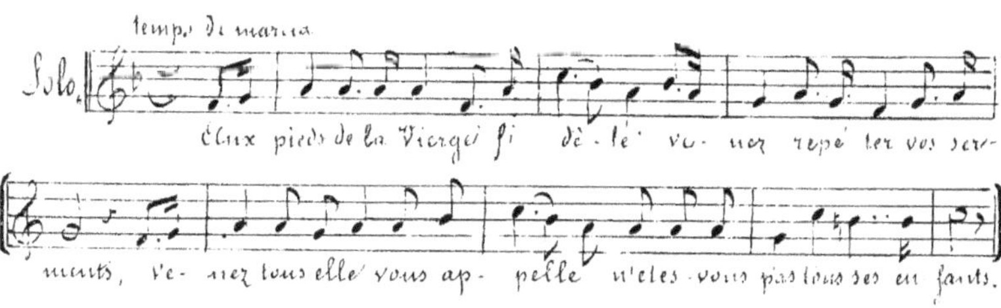

Elle aime à se voir entourée  
De ses fidèles serviteurs;  
Ils ne l'ont jamais implorée  
Sans se voir comblés de faveurs.  
Pécheur, son amour te réclame;  
Pour toi son cœur est alarmé.  
Ton crime a déchiré son âme,  
Mais un fils est toujours aimé.

Vous tous, qui répandez des larmes  
Venez, venez à ses genoux!  
Elle calmera vos alarmes  
Et rendra votre sort plus doux.  
Vous surtout, famille chérie,  
Enfants vous si chers à son cœur,  
Venez à l'autel de Marie  
Venez chercher le vrai bonheur.

# A. N. D. de la garde.

Si Satan frémit de colère,      Sur nous, illustre sentinelle,
Sous vos yeux nous ne craindrons rien:      Veillez, nous sommes votre bien;
Car nous dirons notre prière,      Et toujours soyez-nous fidèle,
   Gardez garder nous bien.        Gardez, gardez-nous bien.

Marie! ah! veillez sur nos frères,      O notre Dame de la Garde,
Et soyez notre ange gardien:      A l'heure où le serpent ancien
En offrant à Dieu nos prières      Pour nous surprendre nous regarde,
   Gardez, gardez-nous bien.        Gardez, gardez-nous bien.

# Serment à Marie.

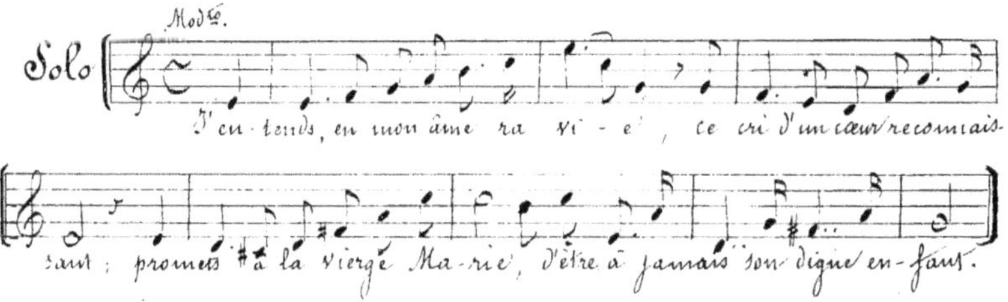

À votre prière assidue  
Combien nous devons de faveurs!  
Du ciel la grâce descendue,  
Par vous s'épanche sur nos cœurs.

Puisque votre immense tendresse  
Se répand sur moi chaque jour  
Ne faut-il pas que je m'empresse  
De vous consacrer mon amour?

Qui pourrait ô mère admirable  
Me faire oublier vos bienfaits!  
Ah! je suis déjà bien coupable  
Mais être ingrat... non non jamais!

Agréez, ô bonne Marie  
Ce ferme propos d'avenir:  
Je vous promets toute ma vie  
De vous aimer de vous bénir.

# Je ne saurais périr.

Le soir vint et troubla le calme du matin
La nuit me présageant un funeste naufrage
Mais je criai : Marie ! et soudain le nuage
Laissa briller un jour serein.

L'avenir paraît sombre et je sens que mon cœur
Parfois tremble et frémit : mais au nom de Marie
Quand il faudrait lutter jusqu'au soir de ma vie
Des flots je sortirai vainqueur.

# CANTIQUES

## pour le Mois de Marie

2.ᵉ Partie.

### Premier chant.

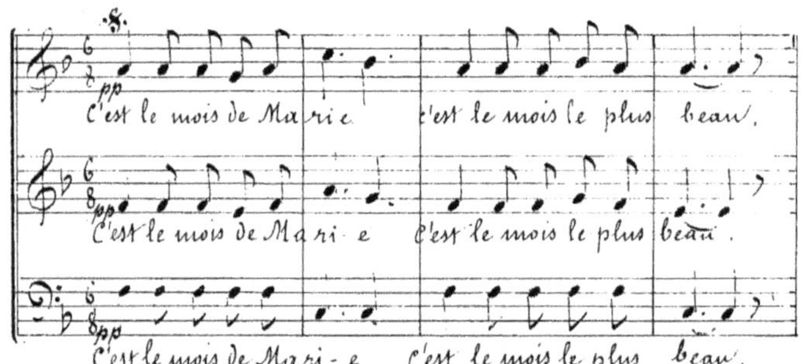

# T'aimer, ô Marie.

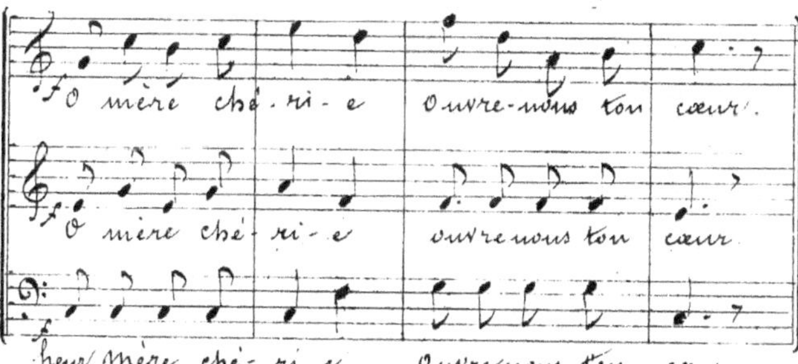


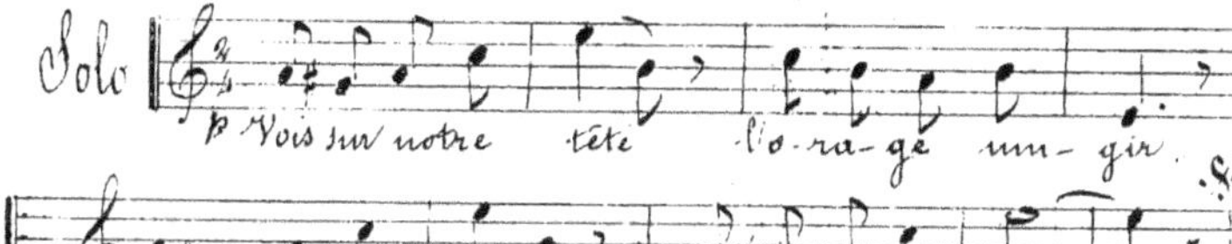


**2.**
Des nuages sombres
Nous cachent les Cieux;
Dissipe les ombres.
Et brille à nos yeux.
  T'aimer etc

**3.**
La mer écumante
Nous offre la mort;
Calme la tourmente
Conduis nous au port
  T'aimer. etc.

**4.**
La douce lumière
Astre du matin,
Réjouit la terre
Rend le ciel serein.
  T'aimer etc.

**5.**
Le chrétien qui t'aime
Marche à ta splendeur,
En t'offres lui-même
Au divin Sauveur.
  T'aimer, etc.

# O mère chérie.

2. Quand viendra-t-il, ce jour, mère chérie
Où je pourrai reposer sur ton cœur?
Je veux du moins, o divine Marie !
Chanter ton nom pour calmer ma douleur.

3. Le voyageur au nom de sa patrie
Sentit toujours renaître sa vigueur;
Ton nom puissant, o divine Marie,
A plus encor d'empire sur mon cœur.

4. Dans les ennuis, a mon ame flétrie
Ton nom si cher rend le calme et la paix
Dès qu'on t'implore, o puissante Marie
Le ciel sourit et verse ses bienfaits.

5. Ce nom si doux pour un enfant qui prie
Je le redis mille fois chaque jour,
Et je le sens, o divine Marie,
Ton œil sur moi repose avec amour.

# Le nom de Marie

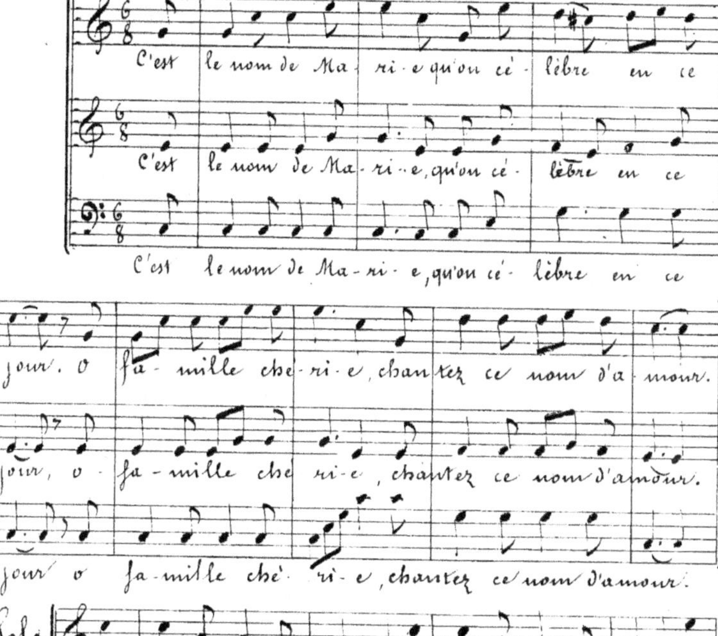



# A N. D. Auxiliatrice.

2. Plaçons en elle seule une ferme espérance
   Que nos cœurs dévoués, l'aiment jusqu'au trépas,
   Et que de notre sein son nom béni s'élance
   Pour nous rallier tous au plus fort des combats.

3. O Vierge immaculée et mille fois bénie,
   Ajoutez à vos dons un don plus précieux;
   Faites qu'après le cours d'une pieuse vie
   Et pasteur et troupeau soient reçus dans les Cieux.

# En ce jour.

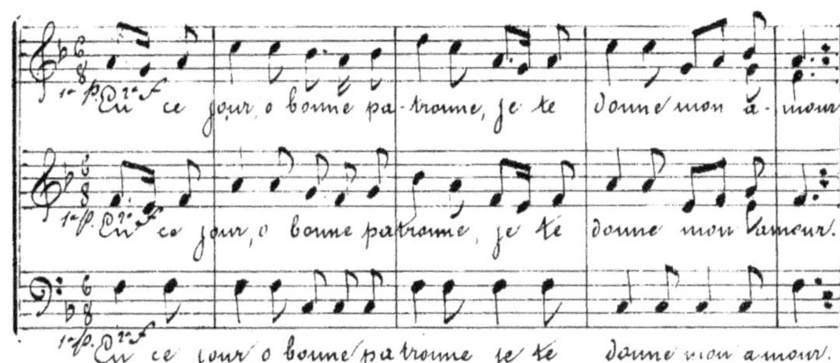

# Tendre mère.

2. La foule qui passe legère
Sourit peut-être à nos accents;
Mais combien la paix de nos chants
Vaut mieux que sa joie ephemère.

3. Marie o nom si doux si tendre,
Nos cœurs purs et simples encor
Ne sont-ils pas votre trésor ?
Pourriez-vous ne pas les defendre.

4. Le baume est près de la souffrance
La mort est ramene à son tour
La raison s'unit à l'amour
La crainte cède à l'espérance

5. Quand le calme est notre partage,
Qu'un ciel d'azur brille sur nous!
Marie, o c'est encore vous
Dont nous rèvons la douce image.

6. Quel ange au pur regard de flamme
Quel séraphin aux ailes d'or
Ne donnerait sa gloire . . .
Pour un des rayons de votre âme?

7 Vous nous aimez, douce patronne;
Si le bonheur est dans l'amour,
Nous le sentons en ce beau jour
Déja nos cœurs sont votre trône.

# Je la verrai !

2.

Je fus toujours l'enfant de sa tendresse
Mais plus je suis comblé de ses bienfaits,
Et plus j'éprouve en l'âme de tristesse
Je la chéris, je ne la vois jamais.

Divine Marie V.   ( « p.r. page 14 » )

www.ingramcontent.com/pod-product-compliance
Lightning Source LLC
LaVergne TN
LVHW051112200726
843508LV00001B/462